LES

MONUMENTS DE PARIS

MÊME COLLECTION

VERSAILLES ET LES TRIANONS, par Paul Bosq.

LES PALAIS NATIONAUX *(Fontainebleau, Compiègne, etc.)*, par Tarsot et Charlot.

L'ART PENDANT LA RÉVOLUTION *(Beaux-Arts, Arts décoratifs)*, par Spire Blondel.

L'ART DANS LA PARURE ET DANS LE VÊTEMENT, par Charles Blanc.

LA PEINTURE (Extrait de la *Grammaire des Arts du dessin)*, par le même.

LA SCULPTURE, par le même.

LES MONUMENTS DE PARIS, par A. de Champeaux.

LES STATUES DE PARIS, par Paul Marmottan.

HISTOIRE DE LA PEINTURE MILITAIRE, par Arsène Alexandre.

LES JEUX *(Jeux historiques, jeux nationaux, sports modernes)*, par Louis Barron.

LA GUERRE A TOUTES LES ÉPOQUES, par le Dr Quesnoy.

FAÏENCES, PORCELAINES ET BISCUITS, par Ris-Paquot.

HISTOIRE DE L'ART EN FRANCE, par Horsin-Déon.

1596-95. — Corbeil. Imprimerie Éd. Crété.

LES
MONUMENTS DE PARIS

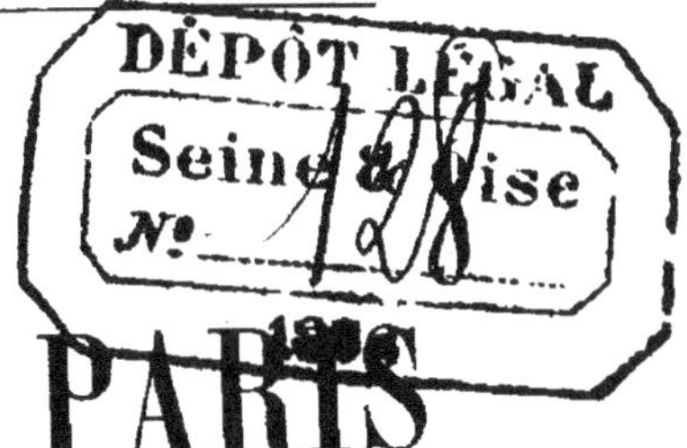

PAR

A. DE CHAMPEAUX

ANCIEN INSPECTEUR DES BEAUX-ARTS DE LA VILLE DE PARIS
CONSERVATEUR DE LA BIBLIOTHÈQUE
DE L'UNION CENTRALE DES ARTS DÉCORATIFS

Ouvrage orné de 46 gravures par Libonis

PARIS
LIBRAIRIE RENOUARD
HENRI LAURENS, ÉDITEUR
6, RUE DE TOURNON, 6

INTRODUCTION

Les historiens se sont livrés à de nombreuses dissertations sur l'époque de la fondation de Paris sans élucider une question qui restera toujours obscure. Tout ce que l'on sait, c'est que la ville était une des plus anciennes de la Gaule, et qu'elle présentait un centre populeux lors de la conquête de Jules César. Ce capitaine-historien est le premier qui, dans ses *Commentaires*, ait parlé des Parisii et de leur capitale Lutèce, située alors dans une île de la Seine. Ce fut le lieutenant Labienus qui la réduisit après avoir vaincu Camulogène son défenseur. On ignore d'où lui venait l'ancienne dénomination de Lutèce et à quel moment elle la perdit pour prendre celle de Paris.

Les Romains considérant comme barbares tous les peuples étrangers, on ne saurait trouver dans César un observateur impartial de l'état social et politique de ses adversaires. La Gaule était certainement plus florissante et plus avancée en civilisation qu'il ne le raconte ; les richesses immenses qu'il en tira et qui servirent à la réalisation de ses desseins ambitieux en sont une preuve évidente. La conquête respecta du reste les intérêts des populations, et quelques années plus tard, sous le règne de Tibère, les bateliers parisiens élevaient dans la cité des autels à Jupiter et à leurs dieux protecteurs. Paris se trouvait heureusement situé pour la navigation fluviale, et il n'y a rien d'étonnant à ce qu'il ait eu une île pour premier berceau, comme les villes voisines de Meaux et de Melun. Les remparts primitifs de la Cité furent bientôt trop étroits, et Paris, devenu une des villes importantes de la Gaule romaine, se développa principalement sur la pente de la colline consacrée plus tard à sainte Geneviève. Les invasions successives des barbares vinrent arrêter cette expansion, et les habitants semblent s'être retirés à nouveau dans l'île, en abandonnant un périmètre qu'ils ne pouvaient plus défendre. Les expéditions dévastatrices des Normands qui vinrent échouer devant les murailles de la Cité achevèrent la ruine de toute la contrée où il ne resta d'intacte que l'abbaye de Saint-Germain des Prés, protégée par son enceinte fortifiée.

Le développement pris par la nouvelle capitale adoptée par la dynastie nationale des Capétiens nécessita l'établissement d'une enceinte destinée à s'élargir à mesure que la population augmentait. La première sur laquelle on ait des données certaines est celle construite par Philippe-Auguste en remplacement d'une muraille plus ancienne dont le tracé est incertain. L'enceinte de Philippe-Auguste protégeait les deux bords de la Seine. Elle s'étendait sur la rive droite depuis la cour actuelle du Louvre jusqu'au quai

des Célestins, et sur la rive gauche depuis le quai de
la Tournelle jusqu'à l'hôtel de Nesle qu'a remplacé
le palais de l'Institut. Quelques vestiges des tours de
cette muraille sont encore visibles, notamment dans
l'ancien hôtel de Bourgogne, rue Étienne-Marcel ;
dans une des cours du Mont-de-Piété, rue des Francs-
Bourgeois, et dans l'une des maisons de la cour du
Commerce, auprès de la rue de l'Ancienne-Comédie.
C'est également à Philippe-Auguste que la ville fut
redevable de ses premières chaussées pavées. La population qui s'était portée principalement vers la rive
gauche, sous la domination romaine, suivit, à partir du
treizième siècle, un mouvement régulier vers l'Ouest et
vers le Nord qui s'est continué jusqu'à notre époque.
Le roi Charles V commença, en 1367, la construction
d'une enceinte destinée à protéger les bourgs qui
s'étaient établis en avant des murailles de Philippe-
Auguste. Cette circonférence s'étendait depuis l'emplacement actuel de la grande galerie du Louvre jusqu'aux
fossés de la Bastille, en englobant le quartier Saint-
Paul, la Culture-Sainte-Catherine, le Temple, le
bourg Saint-Martin, l'église Saint-Honoré, les Quinze-
Vingts et le Louvre. Chacune des portes était défen-
due par une petite bastille flanquée d'élégantes tourelles surplombant des fossés profonds. Les fortifications de l'Université avaient seules conservé leur
ancienne disposition. En même temps, Charles V avait
assuré la sécurité de la ville par la construction de la

Bastille et l'achèvement du Louvre, puissantes forteresses destinées à servir de retraite à la royauté en
cas de commotions populaires et à prêter leur appui
contre des attaques extérieures.

Pendant plus de deux siècles, cette enceinte resta
la même; mais, sous le règne de Louis XIII on
adjoignit à la ville tout le terrain compris entre la
porte Saint-Denis et de la Seine, sur lequel furent per-
cées les rues de Cléry, du Mail, la place des Victoires,
la rue de Richelieu, la rue Sainte-Anne et le quartier
Saint-Honoré. La porte Saint-Honoré fut reculée jusqu'à l'extrémité du jardin des Tuileries. Ce fut la
dernière tentative de fortification, Louis XIV ayant
jugé que l'approche de Paris était suffisamment couverte par les nombreuses places fortes de la frontière.
Pendant son règne, les murailles furent rasées, les
bastilles abattues, et sur l'emplacement des fossés
comblés, on établit des promenades bordées de constructions qui sont devenues nos boulevards actuels.
L'enceinte de Paris ne fut plus à partir de cette époque
qu'une clôture administrative, destinée à assurer la
perception des droits de consommation. Cette dernière considération amena sous le règne de Louis XVI
la construction d'une nouvelle muraille, souvent appelée l'enceinte des Fermiers généraux, qui réunissait à la
ville tous les faubourgs construits autour de l'ancienne
circonférence. Ce boulevard extérieur servit de limites
à la ville jusqu'à l'année 1860. Chacune des barrières

qui y donnaient accès était accompagnée de pavillons construits par l'architecte Ledoux, dont plusieurs spécimens ont été conservés. Les désastres militaires de la fin du premier Empire montrèrent combien il avait été imprudent de démanteler la capitale et de l'avoir mise dans l'impossibilité de résister aux armées étrangères. Pour remédier à ce danger, le gouvernement de Juillet fit établir en avant des boulevards extérieurs une enceinte fortifiée et protégée par une seconde zone de forts détachés, qui elle-même a été récemment appuyée par une troisième ligne de forts. La dernière extension de Paris remonte à l'année 1860, où l'on supprima le mur des boulevards extérieurs pour reculer l'enceinte jusqu'aux fossés des fortifications. Cet agrandissement doubla l'étendue de la capitale en supprimant l'autonomie des nombreuses communes suburbaines qui vinrent augmenter les arrondissements municipaux, en portant leur nombre total de douze à vingt.

La population de Paris a suivi ce mouvement progressif. Elle était évaluée à 300,000 habitants au commencement du seizième siècle, et à 800,000 sous le règne de Louis XVI. Elle compte actuellement 2,344,550 habitants.

Les monuments de Paris présentaient, vers la fin du siècle dernier, un musée inépuisable à la curiosité des amateurs. Tous les styles s'y trouvaient juxtaposés, depuis les restes de la période gallo-romaine, jusqu'aux hôtels seigneuriaux des derniers siècles. En parcourant les ouvrages de Corrozet, de Dubreuil, de Sauval, de Germain Brice, de Piganiol la Force, de Dargenville, d'Hurtault et Magny, de Thiéry, de Gaignières et de Millin, qui se sont attachés à décrire les richesses artistiques de cette capitale, on reste étonné de la quantité d'œuvres remarquables qui peuplaient alors nos églises et nos couvents. L'aspect de Paris rappelait, dans une certaine mesure, celui qu'ont conservé Rome et certaines villes anciennes de l'Italie. Cependant ces églises, ces couvents, ces collèges et ces établissements hospitaliers qui, d'après la volonté de leurs fondateurs, semblaient destinés à être immobilisés à jamais, étaient menacés d'une destruction prochaine. La première épreuve qui soit venue les frapper était la conséquence du dédain irréfléchi qui considérait les constructions du moyen âge comme barbares et les remplaçait par des décorations bizarres empruntées aux compositions de Bernin et de Borromini. La disposition des anciens sanctuaires avec leurs colonnes de cuivre, leurs tapisseries, leurs verrières aux tons éclatants et leurs stalles chorales, fut sacrifiée pour faire place à des autels à la romaine. Le roi Louis XIV subit lui-même cette influence lorsqu'il fit exécuter à Notre-Dame les travaux destinés à accomplir le vœu de son père. A son exemple les abbayes et les cathédrales supprimèrent leurs vénérables ornements pour se mettre au niveau du goût nouveau. Ce vent de rénovation n'avait entraîné que des blessures partielles, il devait être suivi d'une modification radicale dans l'existence même de ces monuments. La Révolution, en supprimant les églises et les communautés religieuses, fit entrer dans le domaine national une immense quantité de monuments et de maisons qui, étant sans utilité pour la société nouvelle, furent mis en vente. Le régime républicain ne dura pas assez longtemps pour produire toutes les ruines qu'on lui a souvent reprochées, mais les conséquences de cette désaffectation générale furent longues et douloureuses pour l'histoire de notre art national. On vit alors nos plus intéressants monuments démolis sans autre motif que celui de vendre les matériaux qu'ils pouvaient fournir, et dont souvent la valeur ne suffisait pas à couvrir les frais entraînés par leur destruction. Quelques tombeaux avaient été conservés en raison de leur intérêt, mais la plupart de ces épaves arrachées brutalement des murailles qui les abritaient, étaient devenus des objets d'antiquité, dont il est souvent impossible de retrouver la provenance originale, malgré les recherches obstinées de l'érudition moderne.

D'autres causes plus durables et dont les effets ont été encore plus meurtriers ont contribué à la disparition de nos monuments. La population de Paris, sans cesse croissante, ne pouvait se loger que dans le périmètre restreint de son enceinte, tandis qu'à Londres et dans certaines capitales ouvertes, ce développement s'étendait librement dans la campagne environnante. De là provient la rareté du sol disponible et la valeur considérable acquise par toutes les surfaces susceptibles de recevoir des constructions. La spéculation sur les terrains, qui a pris de si grandes proportions à Paris, a épargné bien peu des grands hôtels accompagnés de vastes jardins qui existaient autrefois en si grand nombre. Les signes précurseurs de ce mouvement remontent au reste à une époque bien antérieure, et l'on peut signaler les aliénations des demeures royales de l'hôtel de Saint-Paul, de l'hôtel des Tournelles et de l'hôtel de Soissons sur l'emplacement desquelles furent construits de nouveaux quartiers. Le même fait se reproduisit au dix-huitième siècle, lors de la mise en valeur des terrains des hôtels Crozat et des princes de Condé, pour ne citer que les principaux.

Les exigences de la circulation produite par l'établissement des voies ferrées et les règles inflexibles de l'alignement ont aussi condamné à mort des monuments dont la perte est à jamais regrettable. Qui ne se rappelle la disparition de l'hôtel de la Trémouille, rue des Bourdonnais, et de la tour de Saint-Jean de Latran, qu'on aurait pu conserver facilement, sans l'obstination d'une administration peu éclairée ? Il y a encore un dernier facteur qui a exercé longtemps sa funeste influence, c'est le dédain de certains architectes pour tout ce qui les avait précédés et leur désir de faire du nouveau. Combien n'avons-nous pas vu de monuments historiques, en bon état de conservation, rasés pour faire place à des murailles sans caractère et sans style qui, parfois, n'étaient même pas solides? Ce genre de vandalisme qui a commis le plus de ravages est particulièrement odieux, et si l'on peut trouver quelques excuses à la brutalité d'un démolisseur ignorant ou à la cupidité aveugle d'un spéculateur, rien ne saurait justifier l'outrecuidance mesquine d'un administrateur jaloux d'imposer un projet contraire aux intérêts de la cité, ou la vanité orgueilleuse d'un constructeur étranger aux principes de l'art. Les progrès des recherches historiques et l'étude des différents styles de l'art tendent heureusement à faire mieux apprécier chaque jour nos anciens monuments, et l'on compte maintenant toute une génération d'architectes vouée à l'entretien et à la restauration de ceux qui nous restent. En même temps des Sociétés ayant pour but de sauvegarder et de veiller à la défense de ces respectables vestiges du passé se fondent à Paris et dans les départements.

Malgré toutes les pertes qu'elle a subies, la ville de Paris était si riche en monuments qu'elle excite encore notre admiration à cet égard. Nulle capitale ne saurait lui être comparée à ce point de vue, et plus que toutes les autres elle présente un caractère artistique qui rend son séjour agréable. L'aspect souriant, que lui reconnaissaient déjà les écrivains du moyen âge, est dû au goût inné qui distingue l'architecture française, toujours pondérée, même dans ses plus mauvais jours. Notre école a jeté au treizième et au dix-septième siècles deux lueurs d'un éclat incomparable dont le centre était à Paris. Ces grandes périodes ont dominé l'histoire de notre art, sans éteindre la production des époques suivantes qui se sont montrées tout aussi habiles, si elles n'avaient plus la même originalité de conception. Paris doit à ces œuvres la meilleure part de sa supériorité intellectuelle, car de tous les arts l'architecture est celui qui influe le plus sur la production industrielle par les modèles qu'il lui fournit, et sur l'esprit de l'homme qu'il initie chaque jour aux règles du style par la vue de ses lignes. Paris, qui est une ville monumentale par excellence, présente un ensemble de musées et d'institutions scientifiques que les étrangers ont copié sans pouvoir le dépasser. On a dit souvent d'elle comme de Rome que chacun de ses pavés avait son histoire. C'est ce caractère qu'il faut lui conserver sous peine d'en faire une de ces villes nouvelles, sortes d'hôtelleries banales et sans intérêt, où l'on passe, mais où l'on ne s'arrête pas.

LES
MONUMENTS DE PARIS

———

I

ÉPOQUE GALLO-ROMAINE

Les populations gauloises qui habitaient le sol de Lutèce avant la conquête n'ont laissé aucun souvenir, et les vestiges nombreux que les fouilles ont ramenés au jour datent des premiers siècles de notre ère. Sans que l'on connaisse exactement les monuments qui décoraient l'ancienne cité gallo-romaine, on sait qu'il existait sur l'emplacement de l'église métropolitaine un temple dont on a retrouvé les autels consacrés à Jupiter, à Vulcain et à d'autres divinités gauloises, par des bateliers parisiens sous le règne de Tibère. Ces cippes sont aujourd'hui déposés au musée de l'hôtel de Cluny. La découverte de nombreux fûts de colonnes et de débris de mosaïques a révélé l'existence d'une basilique importante sur la place du Parvis-de-Notre-Dame. Un autre autel, ainsi que des colonnes, des corniches et des inscriptions ont été rencontrés dans des travaux de fouilles exécutés sous le sol de la cour du Palais de Justice et sur l'emplacement de l'ancienne église de Saint-Landry, disparue à son tour. Une construction plus importante a été mise au jour lors de la construction du nouveau Tribunal de commerce situé sur le boulevard du Palais. Les nombreux motifs d'architecture qui la décoraient datent de la bonne époque de l'art romain, et semblent avoir appartenu à un édifice triomphal. Enfin les fouilles occasionnées par les travaux du nouvel Hôtel-Dieu ont rendu à la lumière des statues, des cippes, des stèles et des fragments sculptés d'un grand intérêt archéologique, qui ont été recueillis au musée de l'hôtel Carnavalet. Des relevés poursuivis avec méthode ont permis de suivre le tracé du mur d'enceinte qui défendait la Cité sous la période romaine.

Les découvertes ont été plus nombreuses et plus complètes sur la rive gauche qui conserve encore un souvenir du séjour qu'ont fait, à Paris, plusieurs empereurs romains. On attribue à Julien l'Apostat la construction du palais des Thermes dont les ruines ont rendu son nom populaire. Cet édifice fut habité ensuite par les rois mérovingiens, et il semble avoir perdu son privilège de siège royal lors des dévastations normandes. Il reste du palais des Thermes une vaste et imposante salle aux voûtes élevées qui servait de frigidarium ou de salle des bains froids. Son aspect

appelle la comparaison avec les grands édifices que
les Romains avaient élevés sur tous les points de leurs
provinces. Cette salle était accompagnée de constructions moins importantes et s'étendant assez loin, qui
ont été utilisées pour
les aménagements de
l'hôtel de Cluny. C'est
là qu'aboutissait l'aque-
duc des eaux de Run-
gis, près d'Arcueil, qui
avaient été captées par
les Romains. Les ruines
du palais de Julien ser-
vent aujourd'hui de
musée à nos antiquités
nationales, et une par-
tie des découvertes de
l'époque romaine s'y
trouve réunie. Cette
grande salle a traversé
les siècles sans qu'au-
cune pierre se détachât

VUE INTÉRIEURE DE LA GRANDE SALLE

DU PALAIS DES THERMES.

(Époque romaine)

de sa voûte, bien qu'elle ait servi de jardin durant
de longues années. Il est présumable cependant
que les souverains n'habitaient pas les Thermes,
édifice mis à la disposition du public et qu'ils avaient
une autre demeure particulière. Les fondations
d'une grande construction, retrouvées il y a quelques

années près de la rue des Écoles, sont assez importantes pour faire supposer que le véritable palais
se trouvait sur cet emplacement, mais la pioche des
démolisseurs a été si active qu'il est à craindre que
cette question reste toujours indécise. Toute la partie
de la colline qui descend à la Seine était couverte de
monuments dont on retrouve les traces sans qu'on
puisse préciser leur destination. Les travaux de fondation de la nouvelle église de Sainte-Geneviève amenèrent au siècle dernier la découverte de fours à poterie
et de puits où étaient entassés de nombreux fragments
de vases romains. Ces trouvailles se sont répétées
chaque fois qu'on a eu l'occasion de remuer le sol de
la colline aux alentours de l'église de Saint-Étienne
du Mont et du lycée Henri IV. La plus précieuse de
ces découvertes a été faite dans l'une des substructions de ce dernier édifice, où était enfoui un trésor
de monnaies d'or frappées sous les empereurs du quatrième siècle. Les travaux de percement de la rue
Gay-Lussac ont mis à jour une série importante de
murailles dont le prolongement s'étendait jusque dans
la rue Soufflot. A plusieurs reprises le sol du jardin
du Luxembourg a rendu à la lumière des statuettes,
des vases et des fragments de murailles décorées de
peintures ; on suppose qu'il y existait un camp. Dans
la partie voisine du boulevard Saint-Michel on a retrouvé une suite de salles régulièrement disposées
dont on ne s'explique pas la destination. Un second

trésor de monnaies impériales d'or plus considérable que celui du lycée Henri IV a été découvert à la même époque sur l'emplacement de la place Médicis.

La plus importante de ces trouvailles archéologiques, bien plus nombreuses que nous le disons ici, a été celle des Arènes dont le souvenir était effacé depuis le moyen âge. L'amphithéâtre romain avait été alors remblayé, et on avait planté une vigne sur son emplacement désigné encore en 1284 sous le nom de clos des Arènes. Le percement de la rue Monge et les travaux de construction qui en furent la conséquence amenèrent la découverte d'une partie de cet édifice. Elle ne reparut que pour être ensevelie à nouveau quelques mois après, sous les bâtiments d'un dépôt de la Compagnie des Omnibus, mais la seconde moitié a été récemment dégagée par les soins d'une commission spéciale. La municipalité parisienne, mieux inspirée que celle de l'Empire, a voté les crédits nécessaires pour l'acquisition du terrain et pour la restauration de ces ruines, de manière à assurer l'existence du plus ancien monument que Paris ait conservé. L'amphithéâtre, dont les dimensions laissent supposer une ville populeuse, était creusé dans le sable de la colline, au-dessous de l'ancienne abbaye de Saint-Victor qui avoisinait le Jardin des Plantes actuel. Les gradins destinés au public s'appuyaient sur la muraille du cirque qui est conservée, ainsi que les vomitoires et la majeure partie des dépendances. Ces gradins, taillés dans

de grandes pierres, portaient les noms des personnages auxquels les places étaient réservées. Quelques-
unes de ces pierres ont été retrouvées dans l'enceinte ;
d'autres plus nombreuses ont été rencontrées dans
les fouilles du parvis de Notre-Dame et du cimetière
Saint-Marcel, et sont aujourd'hui conservées à l'hôtel
de Cluny et à l'hôtel Carnavalet. Les objets provenant
des fouilles des Arènes sont conservés provisoirement
dans un bâtiment spécial, et le terrain est destiné à
former un square dont le caractère s'harmonisera avec
ces ruines intéressantes. Nous ajouterons que l'on a
retrouvé dans la rue Saint-Jacques les restes de l'une
de ces voies qui mettaient Rome en communication
avec les provinces.

Parmi les diverses mines d'antiquités parisiennes,
aucune n'a été aussi féconde que celle des cimetières
qui prolongeaient, dans la campagne, les sorties des
villes romaines, et qui, lors de l'établissement du christianisme, furent disposés autour des nouveaux sanctuaires. Bien que les sépultures des époques romaines
et mérovingiennes soient fréquemment mélangées, la
partie ancienne se trouvant en dessous, tandis que la
plus récente est plus voisine du sol ; il est cependant
des emplacements funéraires que l'on peut attribuer,
avec certitude, à l'empire romain. Le plus important
de ces cimetières était situé à l'extrémité du faubourg
Saint-Jacques, dans l'ancien enclos du couvent des
Carmélites, situé rue Nicole. Les fouilles qui y ont été

opérées pendant plusieurs années ont produit un nombre considérable de poteries rouges vernissées portant des inscriptions de fabricant, des bouteilles de verre irisé, des vases de terre grise ou de couleur noire, des fibules et des monnaies contemporaines des empereurs Nerva et Trajan. Tous ces débris ont été soigneusement recueillis et sont exposés au musée de l'hôtel Carnavalet.

Un second cimetière, plus considérable, s'étendait autour de l'antique église de Saint-Marcel située en dehors de la ville et l'un des premiers berceaux de la religion nouvelle. On y a retrouvé plusieurs civilisations superposées, mais la moisson d'objets romains n'a pas été aussi riche que celle du faubourg Saint-Jacques. C'est pour les objets datant de la première époque du moyen âge que ce cimetière a présenté un grand intérêt. Les sépultures n'étaient plus creusées dans le sol comme celles des païens ; elles se composaient de sarcophages de pierre portant des ornements chrétiens. Ces tombeaux jettent une triste lumière sur l'état de Paris à ce moment. Après les invasions des Barbares et les incursions des Normands, toute la rive gauche avait été abandonnée, et les monuments tombés en ruine servaient de carrière aux habitants. C'est ainsi que des fragments d'architrave et de tambours de colonnes ont été grossièrement évidés pour former des sarcophages. Ce cimetière, dont la superficie était considérable, a été le principal réservoir d'antiquités parisiennes qui ait été rencontré. La suite des objets mis au jour s'étend depuis la période romaine jusqu'à l'époque du douzième siècle. Un autre champ funéraire entourait l'ancienne abbaye de Saint-Vincent, devenue plus tard Saint-Germain des Prés. Comme à Saint-Marcel les deux civilisations y étaient juxtaposées, mais ce cimetière, moins bien conservé peut-être, n'a guère produit que des sarcophages en plâtre estampé, portant en relief des croix et des emblèmes chrétiens. Ce genre de décoration, qui remonte à l'art mérovingien, est particulier à Paris où les qualités du gypse de Montmartre étaient depuis longtemps appréciées. Le musée de l'hôtel Carnavalet possède une collection nombreuse de ces panneaux qui proviennent des cimetières parisiens de Saint-Marcel, de Saint-Germain des Prés, de Saint-Germain l'Auxerrois et de Saint-Pierre de Montmartre.

Bien qu'habitée également sous la domination romaine, la rive droite s'est montrée moins fertile en découvertes archéologiques que le sol de l'ancienne Université. Jusqu'ici on n'y a constaté la présence d'aucun édifice important, et on doit se borner à signaler la trouvaille de quelques bronzes, notamment celle d'un beau buste de Cybèle exhumé près de l'église Saint-Eustache. Un certain nombre d'églises avaient été entourées originairement de cimetières dont on a rencontré les traces dans les travaux de terrassement. L'établissement le plus important qu'y ait laissé la période romaine se trouvait sur la colline de Montmartre où des chroniqueurs, trop pénétrés peut-être des souvenirs classiques, ont cru retrouver un temple consacré au dieu Mars. Quoi qu'il en soit de cette opinion, on a découvert diverses substructions importantes sur les flancs de la colline, et des fouilles en ont fait sortir successivement des bustes de marbre et de bronze, et des objets d'antiquité. Le souvenir de l'apôtre Denis et de ses compagnons Rustique et Éleuthère vint ensuite effacer ces traditions de paganisme. C'est là que ces saints personnages furent martyrisés avant de poursuivre leur étape posthume jusqu'à Saint-Denis. La montagne fut désormais placée sous leur protection, et les sarcophages de plâtre estampé que l'on a rencontrés dans le sol, avec les signes caractéristiques de l'art chrétien, appartiennent à la première époque du nouveau culte.

ÉPOQUE DU MOYEN AGE

L'histoire monumentale de Paris offre une lacune s'étendant depuis la période mérovingienne jusqu'à l'avènement de la dynastie capétienne qui assuma la mission de rassembler les éléments dispersés par la barbarie, afin de reconstituer la nation française. Le premier soin qui s'imposait était d'effacer la trace des dévastations et de relever les monuments tombés en ruine. Ces constructions précipitées n'ont pas laissé de vestiges, et leur disparition ne doit inspirer de regrets qu'aux archéologues, mais elles exercèrent une influence considérable sur la rénovation de l'art, en préparant les merveilles qui devaient éclore au treizième siècle dans l'Ile-de-France.

Le plus ancien monument du moyen âge qui soit resté debout à Paris est l'église de Saint-Pierre, située sur le point culminant de la colline de Montmartre, près de l'emplacement où se construit la basilique votive. Cette église n'a pas conservé sa disposition primitive et elle porte l'empreinte des nombreuses modifications qui l'ont en partie défigurée. A première vue on croirait y reconnaître un monument du seizième siècle, mais ses piliers sont soutenus par des colonnes qui trahissent un édifice antique, et son abside possède encore des chapiteaux de marbre provenant d'une chapelle mérovingienne bâtie elle-même, peut-être, sur l'emplacement d'un temple païen. Cette dernière partie de l'église remaniée à diverses époques est dans un état de délabrement qui ne permet pas de la livrer au public, et elle est actuellement isolée par un mur provisoire. Il est à désirer qu'une prompte restauration vienne sauver cet intéressant morceau d'architecture qui semble voué à un effondrement très prochain. Auprès de cette église et sur le flanc de la colline regardant Paris, était jadis une célèbre abbaye de femmes fondée en 1133, par le roi Louis le Gros et sa femme Adélaïde. Cette dernière avait été enterrée en 1154 dans l'église qu'elle avait fait construire. Il n'en subsiste plus rien actuellement.

L'église de Saint-Germain des Prés peut le disputer en antiquité au monument dont nous venons de parler. C'est le seul reste de l'une des plus célèbres abbayes de France qui avait été dédiée en 558 par Childebert à sainte Croix et à saint Vincent. Elle ne prit le titre de Saint-Germain que lorsque le corps de saint Germain, évêque de Paris, qui avait été inhumé dans la chapelle Saint-Symphorien, fut placé derrière le maître-autel de l'église abbatiale. Les rois de la première race y avaient établi leur sépulture, qui fut plus tard transportée dans l'abbaye de Saint-Denis fondée par le roi Dagobert. On a transporté dans ce dernier monument quelques-unes des tombes royales qui se trouvaient à

Saint-Germain des Prés, lors de la Révolution, mais ces monuments postérieurs aux personnages qu'ils représentent avaient été refaits après les incursions normandes. On résolut alors de mettre l'abbaye à l'abri des outrages qu'elle venait de subir. Elle fut entourée de larges fossés communiquant avec la Seine par un canal, et l'enceinte fut appuyée par des tours crénelées et par des portes fortifiées au-devant desquelles s'étendait le vaste espace du Pré-aux-Clercs. Les Bénédictins de Saint-Maur qui possédaient cette abbaye se sont acquis des droits à la reconnaissance de tous ceux qui prennent intérêt aux études historiques, par leurs magnifiques travaux sur nos antiquités nationales et par l'admirable bibliothèque qu'ils avaient réunie.

L'église actuelle est le seul reste de ce grand enclos qui s'étendait entre les rues Saint-Benoît, Sainte-Marguerite, de l'Échaudé et la rue Jacob. Dans cette enceinte se développaient de nombreux cloîtres, et un magnifique réfectoire construit par Pierre de Montreuil, architecte de la Sainte-Chapelle. On devait à ce même artiste le plan de la chapelle de la Vierge, dont le portail, après être resté longtemps abandonné dans les magasins de Saint-Denis, vient d'être réédifié dans le jardin de l'hôtel de Cluny. Diverses fouilles faites dans la rue de l'Abbaye, à l'occasion de la construction de maisons particulières, ont amené la découverte de nombreux fragments d'architecture et du pavage des bâtiments claustraux. Les travaux de percement du boulevard ont entraîné la démolition de la curieuse geôle de l'abbaye, dont les quatre angles supportaient des tourelles. Cette ancienne justice cléricale, convertie en prison à l'époque révolutionnaire, avait été le principal théâtre des massacres faits dans les prisons en septembre 1792. C'est là que Mlle de Sombreuil réussit à sauver la vie de son père. Le palais abbatial construit en 1586 par le cardinal de Bourbon sert aujourd'hui de lieu de réunion à plusieurs sociétés savantes. Sa façade monumentale est située sur la rue de l'Abbaye; elle est décorée de refends et de pilastres en pierre blanche se détachant sur des murailles de briques rouges.

Les réparations successives qu'a subies l'église lui ont donné un air de jeunesse relative bien éloigné de son âge véritable. Quelques débris de la basilique de Childebert semblent encore reconnaissables dans l'intérieur de l'abside, mais les couches de peinture qui les recouvrent ne permettent pas d'acquérir une certitude absolue à cet égard. Le style de la basilique actuelle appartient à l'art du onzième siècle et de la première moitié du siècle suivant. L'extérieur a conservé plus fidèlement le caractère architectural de l'époque romane. Deux tours placées dans les angles du transept donnaient à l'église une physionomie originale, lorsqu'elles étaient surmontées des flèches élancées qu'elles ont perdues. Au-dessus de la porte principale s'élève une tour carrée terminée par des arcades géminées, dont plusieurs reconstructions ont modifié le caractère primitif. La décoration intérieure de la basilique qui ne s'est pas toujours montrée très respectueuse de la science archéologique, est l'une de celles qui font le plus d'honneur à notre art contemporain. L'illustre Hippolyte Flandrin a développé sur les deux grands panneaux du chœur et sur les murailles de la nef une longue série de sujets et de saints personnages empruntés à l'Ancien et au Nouveau Testament et traités avec une remarquable pureté de style.

On voit dans la rue Saint-Martin les restes d'un des établissements religieux les plus importants de l'ancien Paris. C'était le prieuré de Saint-Martin des Champs, construit sur l'emplacement même où, d'après la tradition, saint Martin arrivant à Paris aurait guéri un lépreux en le pressant sur son sein. La fondation du monastère remontait au commencement du onzième siècle et le prieuré suivait l'ordre de l'abbaye de Cluny. Pendant de longues années cette maison avait conservé son enceinte renforcée de tourelles, dont l'une sauvée récemment par les réclamations des archéologues existe encore à l'angle de la rue du Vertbois. Cette muraille dut faire place au dix-huitième siècle à des grandes maisons de location établies sur la rue Saint-Martin. Les moines eurent alors la malencontreuse idée de remplacer par des bâtiments neufs la majeure partie de leur ancienne demeure, et ils sacrifièrent le chapitre, la chapelle de la Vierge et leur grand cloître, le plus remarquable qui existât à Paris. Depuis l'épo-

RÉFECTOIRE DU PRIEURÉ DE SAINT-MARTIN DES CHAMPS
(xiiie siècle)

que de la Révolution, le prieuré est occupé par le Conservatoire des Arts et Métiers, dont les collections

se sont appropriées une partie des bâtiments claustraux. Un plan général de restauration a été dressé par
l'architecte Vaudoyer qui s'est efforcé de conserver le
caractère primitif de la construction. De vastes galeries
ont été élevées du côté de la rue Saint-Martin, pour
servir à l'exposition des machines et des modèles qui
permettent de suivre l'histoire de l'ustensillage et de
l'industrie. La bibliothèque du Conservatoire a été
installée dans le réfectoire du prieuré, gracieuse construction du treizième siècle qui a été souvent attribuée
à Pierre de Montereau. Ce réfectoire formait une
longue salle à double voûte soutenue par une série de
piliers d'une extrême ténuïté. Un escalier à jour et
disposé dans l'épaisseur de la muraille conduisait à la
chaire du lecteur.

L'église de l'ancien prieuré a été également
conservée et elle sert actuellement de salle d'exposition aux machines hydrauliques. La nef en est
vaste et élevée, sans collatéraux, et couverte d'une
voûte en bois. Elle a été construite au treizième siècle,
pour continuer le chœur terminé par une abside
arrondie qui date de l'époque romane. Autour du
chœur s'étendent des galeries collatérales et une ceinture de chapelles dont l'architecture montre les premiers essais de style gothique remplaçant les voûtes en
plein cintre. Cette église a été l'objet d'une restauration qui lui a permis de reprendre son aspect extérieur, mais il reste à terminer les travaux de décora-

tion intérieure. Il faut espérer que l'achèvement du Conservatoire des Arts et Métiers permettra d'affecter ce curieux monument à une destination mieux en rapport avec son caractère spécial.

Un édifice presque contemporain de l'église St-Martin des Champs se trouve en partie enclavé dans les ruelles de l'ancienne Université, à laquelle il servait jadis de salle d'assemblée. Aujourd'hui le prieuré de Saint-Julien-le-Pauvre, privé de sa façade, est la chapelle provisoire de l'Hôtel-Dieu auquel il avait été réuni en 1655. Son origine remonte aux premiers temps de l'introduction du christianisme en Gaule, mais la

ÉGLISE DE ST-JULIEN-LE-PAUVRE

(xiiiᵉ siècle)

VUE INTÉRIEURE[1]

basilique actuelle a été rebâtie au douzième siècle, après les dévastations normandes. Elle comprend une nef centrale appuyée sur des piliers fleuronnés, avec deux nefs collatérales auxquelles des arcs ogivaux donnent

1. Gravure extraite du *Bulletin de la Société des Amis des Monuments parisiens.*

naissance. Ces nefs sont terminées par trois absides de forme ronde dont la conception est due à un architecte vraiment habile. Rien n'est plus gracieux que cet assemblage de piliers et de colonnettes savamment disposés sans confusion et dont on peut admirer à la fois la force et la légèreté. Le vaisseau, bien que défiguré par des retranchements modernes, a conservé son caractère primitif du côté du chevet. On y retrouve une série de contreforts servant de points d'appuis aux voûtes qui sont éclairées par des fenêtres surmontées d'ogives d'un style sévère. Depuis la reconstruction de l'Hôtel-Dieu, l'administration municipale a étudié divers projets pour la destination définitive de Saint-Julien-le-Pauvre. Aucune de ces propositions n'a été adoptée jusqu'à ce jour, et les travaux de restauration que réclame ce monument ont été par suite ajournés.

Le plus important édifice que l'architecture ogivale ait laissé à Paris est l'église métropolitaine de Notre-Dame. D'autres villes possèdent des cathédrales plus vastes peut-être, ou plus riches en sculptures; il n'en est pas qui présente le caractère d'unité qui la place au rang des plus belles œuvres de l'art français du treizième siècle. On ne saurait assez admirer l'aspect de la façade aussi grandiose dans son ensemble que varié dans les détails. La reconstruction de la cathédrale de Paris, dont l'origine remonte aux temps du paganisme et aux premiers développements du chris-

ÉGLISE DE NOTRE-DAME (XIII° SIÈCLE)

tianisme en Gaule, fut entreprise à la fin du douzième siècle par l'évêque Maurice de Sully. Les travaux continuèrent sans relâche, et la majeure partie de la façade était terminée lors de la mort de Philippe-Auguste en 1223. L'architecte Jehan de Chelles commença, en 1257, le portail méridional du transept, et il a pris le soin de signer son œuvre dans une inscription en grandes lettres, tracée au-dessus du premier soubassement. Cette construction précéda de peu d'années l'achèvement de l'édifice, qui doit certainement la pureté du style qui le caractérise à cette rapidité relative d'exécution. Peu de temps après on ajouta au vaisseau principal une ceinture de chapelles que le plan primitif ne comportait pas, et le chœur fut entouré d'une clôture en pierre sculptée par les maîtres imagiers Jehan Ravy et Jehan le Bouteiller. Cette précieuse série de bas-reliefs empruntés aux sujets de l'Ancien et du Nouveau Testament nous est parvenue en partie, mais elle a perdu le jubé qui faisait corps avec elle et séparait le chœur de la grande nef.

Notre grand poète Victor Hugo a fait revivre dans son immortel roman de *Notre-Dame de Paris* la physionomie de la cathédrale et de ses alentours, à l'époque du moyen âge. Il a fait dérouler les faits principaux de son œuvre dans les tours et dans l'ancien Paris que des démolitions ont singulièrement changé aux dépens de son aspect pittoresque. Il faudrait tout un volume pour décrire Notre-Dame comme elle le mérite, et chacune de ses dispositions architecturales est digne d'attirer l'attention des archéologues. On y accède par trois portes s'ouvrant sur la façade occidentale, dont la principale a reçu le nom de porte du Jugement dernier, et les deux autres ceux de Sainte-Anne et de la Vierge. Les niches et voussures de ces baies ont recouvré récemment les figures qui les décoraient et dont les révolutions les avaient dépouillées. Les portes de Sainte-Anne et de la Vierge sont revêtues de pentures en fer exécutées vers la fin du douzième siècle, dont le merveilleux travail avait tellement frappé la crédulité populaire qu'on leur attribuait une origine diabolique. Au-dessus de ces portails, s'étend une série d'arcades qui abritent les statues des rois de Juda et que l'on a souvent appelé la galerie des Rois, croyant y retrouver les portraits de nos anciens souverains. Cette galerie est surmontée d'une grande rose qui éclaire l'intérieur de la nef principale, et de deux larges baies géminées inscrites dans un arc plein-cintre. L'étage supérieur sert de base à deux tours égales et reliées par une arcature composée d'ogives géminées, qui forme un portique aérien soutenu par des colonnettes à faisceaux dont les tympans sont ajourés. Cette pittoresque galerie est assurément la plus originale création de la cathédrale. Au-dessus s'élève librement la masse des deux tours arc-boutées sur des contreforts énormes et dont les larges ouvertures sont munis d'abat-sons, pour l'usage des cloches. On s'est souvent demandé si dans le plan primitif ces tours devaient être surmontées de clochers. Le fait est présumable, mais cette disposition a été certainement abandonnée avant son exécution, probablement parce que l'effet général était suffisant, et nous aurions peine à nous figurer que ces tours puissent être plus belles sous une autre forme.

Le portail septentrional qui donnait jadis accès dans le cloître n'a conservé des anciennes statues qui les décoraient qu'une figure de la Vierge, l'un des chefs-d'œuvre de l'école française au treizième siècle. Toute la sculpture de cette partie de l'église se recommande au reste par la finesse de son exécution, et le mur extérieur des chapelles qui l'entourent est orné de plusieurs bas-reliefs rectangulaires représentant des scènes de la vie de la Vierge. La façade du portail méridional, œuvre de Jehan de Chelles, offre une identité presque complète avec celui du Nord. On y remarque la même baie centrale accompagnée de chaque côté par une arcature à trois niches dépouillées de leurs statues et surmontées de pignons de différentes grandeurs. Au-dessus s'étend une galerie à jour sur laquelle s'appuie une immense rose occupant toute la largeur du grand pignon. Au point central de la croisée s'élevait un clocher revêtu de plomb qui, après avoir été plusieurs fois détruit, a été récemment rétabli, et complète de la façon la plus heureuse la perspective du monument.

Au dedans, Notre-Dame présente un aspect imposant. La voûte est supportée par une rangée de piliers dont les proportions massives se ressentent de l'architecture romane et qui lui impriment un caractère grave et sévère. Au-dessus s'ouvrent les arcs d'un vaste triforium qui contourne toute la nerf principale et auxquels répond une rangée supérieure de fenêtres qui étaient autrefois garnies de verrières peintes. Dans ces dernières années on a rétabli en partie cette décoration transparente, en plaçant dans les baies du chœur une série de panneaux représentant les apôtres et les évangélistes et des vitraux en grisaille dans les fenêtres de la nef. La cathédrale a heureusement conservé les verrières éclatantes des trois rosaces de ses façades ; ce sont des chefs-d'œuvre de la peinture sur verre qui a laissé en France tant de merveilles. Quatre majestueux piliers dont on ne saurait assez remarquer les proportions et la pureté des lignes occupent la partie centrale de l'église et forment le transept. Une double rangée de nefs collatérales se développe parallèlement à la nef principale.

Le chœur a perdu la majeure partie de son aspect primitif à la suite de l'exécution du vœu de Louis XIII mettant la France sous la protection de la Vierge. Le roi Louis XIV, pour accomplir le désir de son père, chargea l'architecte Robert de Cotte de la direction des travaux. C'est alors que disparurent l'ancien autel avec ses colonnes de cuivre et ses reliquaires, la série de stalles qui garnissaient l'intérieur du chœur, et enfin le jubé qui le séparait de la nef. Tous les anciens tombeaux des évêques et les personnages qui s'y voyaient furent enlevés et détruits. Ce fut une perte irréparable pour l'histoire de l'art. Le projet de de Cotte ne manquait cependant pas de grandeur ; son seul défaut était d'être conçu dans un style opposé à celui de la basilique. Il disposa derrière le nouvel autel un groupe représentant la Descente de croix, avec les deux figures de Louis XIII et de Louis XIV offrant leurs couronnes à la Vierge. Huit anges de bronze doré étaient adossés aux piliers du sanctuaire qui, revêtus de plaques de marbre, avaient été convertis en arcades moulurées. Les stalles nouvelles, sculptées avec une habileté merveilleuse par du Goulon et par Vassé, étaient surmontées de huit grands tableaux qui contribuaient à dissimuler le plus possible le style gothique du monument que l'on considérait alors comme barbare.

La restauration récente de Notre-Dame, dirigée avec un talent magistral par l'architecte Viollet-le-Duc, a rétabli les anciennes dispositions du chœur dans la mesure du possible. Les piliers du sanctuaire ont été débarrassés de l'enveloppe en marbre qui compromettait leur solidité, mais on a conservé les statues des deux rois et le groupe du rond-point qui sont sculptés par Coyzevox et par les Coustou. On a également ment laissé en place les stalles de du Goulon, tout en supprimant les tableaux de Philippe de Champaigne, de Jouvenet, de Boullongne, de Delafosse et de Coypel, dont la composition théâtrale n'était compensée par aucune qualité exceptionnelle. Les chapelles ont été débarrassées des ornements hétéroclites qui les défiguraient et ont été revêtues de peintures décoratives copiées fidèlement sur des manuscrits du moyen âge, mais dont le goût laisse souvent à désirer. Quelques épaves des sépultures anciennes des familles de Gondy et d'Harcourt y ont été recueillies ; on y a joint plusieurs tombeaux érigés en l'honneur des prélats récemment décédés, le cardinal de Belloy, et les archevêques Affre, Sibour et Darboy.

L'architecte Soufflot avait construit, sous le règne de Louis XV, une vaste sacristie qui a été démolie il y a plusieurs années et remplacée par un nouvel édifice mieux approprié au style de la cathédrale. La salle principale de cette sacristie renferme, dans une série d'armoires, ce qui subsiste du riche trésor possédé jadis par l'église métropolitaine. La plupart des vases sacrés et des vêtements sacerdotaux qui sont montrés aux curieux datent de l'époque du couronnement de Napoléon. Les grandes reliques déposées jadis dans la Sainte-Chapelle du Palais, et transportées plus tard à Notre-Dame, ne sont plus renfermées dans les précieux reliquaires que saint Louis avait fait exécuter pour les recevoir, mais dans des pièces d'orfèvrerie que l'on s'est attaché à composer dans le style des monstrances primitives.

Les évêques de Paris résidaient jadis dans un vaste bâtiment construit entre la cathédrale et le petit bras de la Seine. Ce logis d'une hauteur imposante se composait d'une longue galerie à contreforts et à baies ogivales, terminée par une tour de forme carrée servant de donjon, et d'une chapelle consacrée à la Vierge par l'évêque Maurice de Sully, vers la fin du douzième siècle. La grande galerie de l'évêché servait aux réunions des assemblées ecclésiastiques et aux cérémonies officielles qui réclamaient un vaste espace. La demeure des premiers évêques, et postérieurement (1622) des archevêques de Paris, a été démolie par le peuple de Paris en 1831, à l'occasion d'un service anniversaire du duc de Berry, célébré dans l'église de Saint-Germain-l'Auxerrois. Sur son emplacement on a établi un jardin et prolongé le quai de l'Archevêché. Depuis ce moment l'archevêché est installé dans un des hôtels de la rue de Grenelle.

Notre-Dame a été le théâtre de tous les événements politiques de la France. Ses voûtes majestueuses ont vu depuis six siècles la longue succession de succès et de revers qui remplissent les pages de notre histoire. Les naissances, les mariages et les morts de nos anciens souverains, la conclusion des traités de paix, les actions de grâces rendues pour le triomphe de nos armées, donnèrent lieu à autant de solennités officielles célébrées dans son enceinte. Les étendards pris sur l'ennemi étaient jadis suspendus dans les galeries du chœur, comme ils le sont maintenant dans la chapelle des Invalides. Nous ajouterons que, lors de leur fondation, les grandes cathédrales étaient à proprement parler des édifices appartenant à tous, à la construction desquels tous concouraient, et que les

CHAPELLE BASSE DU PALAIS (XIIIe SIÈCLE)

évêques ne craignaient pas de les mettre à la disposition du peuple pour traiter les questions qui intéressaient la cité dont ils étaient les protecteurs. Le clergé poursuivait alors, avec l'appui des communes, une lutte contre la barbarie féodale, dans laquelle il fut supplanté par le pouvoir royal mieux préparé pour remplir ce rôle d'émancipation. Aujourd'hui ce temple sert encore à la célébration des prières officielles pour le salut du pays et pour les services solennels qui doivent attirer une foule nombreuse.

La Sainte-Chapelle de Paris est, après la cathédrale, l'édifice le plus populaire que le moyen âge ait laissé à Paris. Elle fut construite par saint Louis auprès du palais qu'il habitait, pour contenir les reliques que lui avait vendues l'empereur de Constantinople. Le palais de la Cité était primitivement une construction romaine qui devint le séjour des rois capétiens, lorsque la population dut se mettre à l'abri dans les murailles de l'île. Saint Louis entreprit la réédification de cet ancien monument, mais il ne paraît pas l'avoir poussée très loin ; ce fut le roi Philippe le Bel qui dut l'achever. Ce qui appartient sans conteste à Louis IX, c'est la Sainte-Chapelle, qui fut terminée en 1245, sur les dessins de l'architecte Pierre de Montereau, et consacrée en 1248. L'architecte a traduit merveilleusement les intentions du roi, et la Sainte-Chapelle n'est en réalité qu'une châsse de pierre précieusement sculptée pour contenir les reliquaires qui devaient y être déposés. En raison de son élégance incomparable et de la délicatesse de tous ses ornements, la Sainte-Chapelle est réputée à juste titre comme le plus parfait spécimen de l'art du moyen âge. L'édifice est divisé en deux étages. La chapelle basse, destinée aux gens de la maison du roi, est soutenue par deux ran-

gées de piliers qui la divisent en trois nefs. Dans le
sol sont encastrées les pierres tombales de plusieurs
membres du chapitre. On accédait à la Sainte-Chapelle haute par un escalier extérieur à portiques, qui a
disparu depuis longtemps. Les proportions de ce vaisseau, qui peuvent être citées comme un modèle d'architecture, mesurent 36 mètres de longueur sur
20 mètres de hauteur, et 10$^\text{m}$,70 de largeur dans œuvre.
Il est éclairé par quinze grandes fenêtres qui s'ouvrent de chaque côté de la nef et viennent rayonner
autour de l'abside. L'éclat éblouissant de ses vitraux,
chefs-d'œuvre du treizième siècle, où sont représentés
les actes de l'Ancien et du Nouveau Testament, se
marie heureusement à la richesse des peintures et des
dorures qui revêtent les voûtes et les nervures des
pilastres. De chacun des piliers se détache une figure
d'apôtre soutenant une des croix de consécration de
la chapelle, dont on peut admirer le style simple et
vigoureux. L'ancien maître-autel avait été détruit, mais
il a été rétabli d'après les anciens documents, et il est
surmonté de la plate-forme où se tenait saint Louis
lorsqu'aux jours de fête il montrait au peuple les reliques et les châsses conservées dans le trésor. L'un
des escaliers de bois ajouré, celui du côté Nord qui
conduisait à cette plate-forme, avait été transporté au
Musée des Petits-Augustins sous la Révolution; il est
revenu prendre sa place primitive et a servi de modèle
au second degré qui lui fait pendant. Des réparations

importantes ont été exécutées plusieurs fois à la Sainte-Chapelle. La grande rose placée au-dessus de la porte principale a été refaite sous Charles VIII, et si les peintures de cette verrière n'ont pas le grand caractère des vitraux primitifs, elles ont cependant des qualités de couleur et de dessin qui rachètent cette infériorité de style. Quelques années plus tard, le roi Henri II fit disposer dans la nef de la Sainte-Chapelle une clôture qu'accompagnaient deux autels latéraux. Sur ces autels étaient placés deux grands tableaux peints sur émail par Léonard Limosin. Ces belles peintures font aujourd'hui partie du Musée du Louvre.

La destination de la Sainte-Chapelle fut radicalement modifiée à l'époque de la Révolution. Elle perdit alors son caractère religieux pour devenir un dépôt d'archives. Afin de doubler l'espace attribué aux documents, la nef supérieure fut partagée en deux étages par un plancher mobile, et on enleva toute la partie basse des vitraux anciens en la remplaçant par des panneaux en verre blanc, afin de donner plus de lumière. Négligé depuis ce moment, cet édifice semblait voué à une destruction prochaine, lorsque le gouvernement de Juillet entreprit sa restauration en 1837. Les travaux en furent dirigés par Duban qui s'adjoignit les architectes Viollet-le-Duc et Lassus. Ce dernier demeura seul, quelques années plus tard, à poursuivre cette œuvre dont il s'acquitta avec un talent consommé. Ce fut la première entreprise de restauration

LA SAINTE-CHAPELLE ET LE PALAIS DE JUSTICE (XIIIe ET XVIIIe SIÈCLES)

d'un édifice ogival, conçue dans le style même du moyen âge, que l'on ait vue en France. Grâce à ses soins, la Sainte-Chapelle a retrouvé son ancienne décoration, les sculptures de ses porches, les statues des apôtres qui avaient été décapitées ou mutilées, les peintures émaillées de son arcature intérieure et les panneaux de ses vitraux, ainsi que la gracieuse flèche de plomb estampé qui détache sa silhouette sur la masse du palais. On a commencé récemment la réfection d'une partie de la galerie supérieure du monument.

Bien que le Palais ait continué pendant longtemps à être la résidence officielle des rois de France, sa destination principale, à partir du quatorzième siècle, fut de servir de siège au Parlement. L'action de cette magistrature s'étendait chaque jour en proportion des accroissements du pouvoir royal, et il arriva un moment où l'espace ne permit plus aux deux pouvoirs de vivre rapprochés. Charles V cessa d'habiter définitivement le palais de la Cité, et ses successeurs résidèrent au Louvre et dans les hôtels de Saint-Paul et des Tournelles. La plus importante des constructions attribuées à Philippe le Bel était la grande salle où se donnaient les banquets royaux et les représentations des clercs de la basoche, et que l'on tenait pour la plus vaste du royaume. Cette salle était partagée en deux galeries par une série de piliers centraux sur chacun desquels était placée la statue d'un roi de

France sculptée en bois. La grande galerie, dont on trouve une gravure exacte dans *Les plus excellents bâtiments de France* par du Cerceau, fut brûlée en 1618, et remplacée quelques années plus tard par la galerie actuelle des Pas-Perdus, qui fut réédifiée sur les plans de Salomon de Brosses. On y remarque deux monuments érigés en l'honneur des célébrités parlementaires Malesherbes et Berryer. Le même incendie de 1618 détruisit les bâtiments de la cour du Mai et le portique décoré de la statue d'Enguerrand de Marigny, par lequel on accédait à la grande salle et aux dépendances du Palais. Le donjon du Palais, grosse tour de forme ronde, était situé en arrière de cette construction, sur l'emplacement actuel du dépôt de la Préfecture. Plusieurs miniatures, et un précieux retable de l'école flamande du quinzième siècle conservé dans une des salles de la Cour d'appel, nous retracent la curieuse physionomie de l'ancien Palais, avec ses tours, son enceinte, et ses jardins qui s'étendaient jusqu'à l'extrémité de la place Dauphine.

Il ne reste plus de cette masse de bâtiments, si l'on en excepte la Sainte-Chapelle, que les substructions de la grande salle formant une immense salle des gardes, chauffée par plusieurs cheminées à manteau et dont les voûtes en ogive sont supportées par des piliers à nervures. Cet énorme vaisseau, qui constitue l'un des plus curieux aspects du vieux Paris, touche aux bâtiments de la Conciergerie où l'on retrouve des galeries à nervures datant de saint Louis et de Philippe le Bel et servant aujourd'hui de prison aux prévenus qui passent devant les Cours d'assises et les tribunaux de la Police correctionnelle. Cette maison d'arrêt remonte aux temps les plus anciens du moyen âge, où l'on enfermait à la Conciergerie du Palais ceux qui devenaient justiciables du Parlement royal. Une vaste salle d'une disposition originale est encore intacte. C'était la cuisine royale aux angles de laquelle quatre larges cheminées servaient à préparer les aliments de la suite du Roi. La façade du Palais qui longe la rive septentrionale de la Seine doit l'aspect pittoresque qu'elle présente aux deux tours qui forment le corps de logis principal de la Conciergerie, et à deux autres tours dont l'une était appelée jadis la tour de César, tandis que la dernière, située à l'angle du boulevard du Palais, constituait une sorte de donjon surmonté d'un toit conique et d'un clocher. Le roi Charles V y avait fait disposer par un Allemand, Henri de Vic, la première horloge publique que l'on ait vue à Paris. Le cadran fut refait sous le règne de Henri III et orné de gracieuses figures par le sculpteur Germain Pilon. Cette décoration mutilée a été dernièrement réparée.

Aucun de nos monuments n'a plus souffert des incendies que le Palais. Après la catastrophe de 1618, dont nous avons parlé, il subit en 1776 un second incendie qui dévora la majeure partie des anciennes

LE PALAIS DE JUSTICE ET LA CONCIERGERIE (XIVᵉ ET XIXᵉ SIÈCLES)

constructions. La Chambre des comptes, due à l'architecte Fra Giacondo que Louis XII avait appelé d'Italie, disparut dans ce désastre. C'était un gracieux édifice où le vieux style français se mélangeait admirablement aux hardiesses nouvelles de l'école italienne, et qui se composait d'un corps de logis à toits élevés et à lucarnes ajourées, précédé d'un escalier et d'une loggia décorés de statues. On put sauver du feu les archives du Parlement, mais celles de la Cour des comptes furent en partie brûlées, et c'est à ce funeste événement que l'on doit faire remonter la dispersion de ce trésor historique dont on ne possède plus que des débris. Louis XII avait fait en même temps décorer la grande chambre du Parlement, construite primitivement par saint Louis, d'un plafond en bois sculpté, aujourd'hui anéanti, qui fut longtemps cité comme une merveille et fit appeler cette partie du Palais la Chambre dorée.

L'architecte Desmaisons fut chargé de rebâtir les parties incendiées, et le plan qu'il adopta bouleversa tout l'ordre ancien. On lui doit la façade actuelle de la cour du Mai, dont la partie principale est précédée d'un perron au bas duquel se trouve la grille communiquant avec les prisons de la Conciergerie. Pour régulariser l'aspect de la cour, il abattit une construction adjacente à la Sainte-Chapelle, dont le rez-de-chaussée servait de sacristie, et dont l'étage supérieur était consacré au dépôt du trésor des Chartes. La cour du Mai fut fermée sur le boulevard du Palais par une admirable grille en fer estampé et doré, exécutée par Bigonnet, qui est l'un des chefs-d'œuvre de la serrurerie française. La Cour des comptes fut installée dans un nouveau bâtiment dû à l'architecte Gabriel, s'ouvrant sur la cour de la Sainte-Chapelle, et qui fut depuis affectée aux services de la Préfecture de police.

L'extension incessante de Paris rendit bientôt insuffisants les bâtiments de Desmaisons, et il fallut chercher les moyens de loger plus largement les services judiciaires dans les dépendances de l'ancien Parlement. Un plan d'appropriation définitive fut dressé par l'architecte Duc ; l'exécution n'en est pas encore terminée. Ce nouveau projet doublait l'étendue du périmètre du Palais de Justice, et il le dotait d'une façade nouvelle sur la place Dauphine, à laquelle on retranchait son troisième côté donnant sur la cour du Harlay. Le nouveau palais élevé sur les dessins de M. Duc se recommande par une connaissance profonde de l'architecture ancienne, et par la délicatesse exquise des ornements. Le grand vestibule et le double escalier qui conduit aux salles d'assises sont des conceptions d'un goût très pur, mais n'eût-il pas été préférable de s'inspirer du style des anciens monuments français, sans imiter la disposition des édifices grecs qui ne conviennent pas à notre climat ? On se demande à quel besoin répond le perron monumental à double rampe qui est placé devant la nouvelle façade comme s'il conduisait à un temple antique et qui, au bout de peu d'années d'existence, a déjà subi les atteintes de nos longs hivers.

On élevait à la même époque, en retour de cette façade sur le quai de l'Horloge, une aile destinée à la Cour de cassation. L'aspect classique de ce bâtiment soulève les mêmes critiques que les constructions de M. Duc, sans avoir les qualités qui distinguent celles-ci. Les salles intérieures de la nouvelle Cour de cassation sont assez richement décorées. Le plafond de la chambre principale est l'une des meilleures pages du peintre Baudry.

Pendant le cours de ces grands travaux de rénovation, un troisième incendie, allumé en 1871, vint précipiter leur achèvement et sur certains points obliger à refaire ceux qui étaient à peine terminés. En quelques heures il ne restait plus que les murs calcinés de l'ancienne Chambre des comptes, de l'hôtel de l'ancien président du Parlement et des bâtiments construits sous Henri II pour servir d'annexe à la Chambre des comptes, dans lesquels étaient installés les différents services de la Préfecture de police et l'habitation du préfet. Seul un arceau aux chiffres de Henri II, qui servait de communication entre la Chambre des comptes et ses archives, avait été assez ménagé par la flamme pour pouvoir être transporté à l'hôtel Carnavalet dans le jardin duquel il est en ce moment rétabli. Les ar-

PALAIS DE JUSTICE. — NOUVELLE FAÇADE SUR LA RUE DE HARLAY
(xixe siècle)

chives de la Préfecture de police si précieuses pour l'histoire de la Révolution furent réduites en cendres, à l'exception de quelques registres curieux qui avaient été antérieurement mis à l'abri. L'incendie ravagea ensuite une partie des chambres civiles et correction-nelles, les combles de la grande salle des Pas-Perdus, les tours de la Conciergerie, et fit disparaître les an-ciennes cours des Requêtes et des Aides aménagées dans les dépendances du palais de Philippe le Bel, et dont les plafonds étaient peints par Vouet et par Boul-longne l'aîné. La perte la plus sensible fut celle des archives de l'état civil, déposées au greffe du tribunal civil, qui disparurent en même temps que la double collection de ces mêmes registres qui avait été centra-lisée dans les archives départementales du départe-ment de la Seine. Cette destruction répétée anéantis-sait des millions de documents qui intéressaient à la fois les intérêts des familles et l'histoire des habitants de notre ville. Malgré les efforts tentés par l'adminis-tration pour rétablir dans la mesure du possible les actes de l'état civil de Paris, ce désastre historique restera toujours irréparable.

A la suite de l'incendie de 1871, on donna une ex-tension nouvelle au plan de reconstruction du Palais. Une aile nouvelle fut édifiée sur le quai des Orfèvres, pour être affectée aux services de la Préfecture de po-lice qui avait été provisoirement installée dans la ca-serne de la Cité. Ce bâtiment, aujourd'hui terminé, n'a

pas encore reçu d'emploi définitif, et on a proposé de
le consacrer à divers services judiciaires. On poursuit
également l'achèvement des aménagements intérieurs,
qui seront desservis par deux longues galeries partant
du vestibule situé sur la place Dauphine et venant
aboutir à la galerie centrale de la cour principale. Les
dernières traces de l'incendie ont depuis longtemps
disparu, et l'on peut espérer voir l'achèvement prochain du monument sous la direction de M. Daumet,
l'habile successeur de M. Duc.

Paris, autrefois si riche en constructions du moyen
âge, n'a conservé qu'un nombre très restreint d'anciennes églises que l'on puisse citer après celles dont
nous avons parlé. L'une des plus importantes est celle
de Saint-Séverin, qui existait déjà au sixième siècle,
du temps de Childebert Ier. Le monument actuel date
du treizième siècle, mais il ne fut achevé qu'à la fin du
quinzième siècle. Il a la forme d'une croix grecque, et
l'une de ses façades est encore engagée dans les dépendances de l'église installées dans l'ancien charnier
et dans les cours de plusieurs maisons particulières.
On a appliqué récemment sur la base de son clocher,
qui se distingue par l'élégance de ses proportions, un
porche provenant de l'ancienne église démolie de
Saint-Pierre aux Bœufs dans la Cité. Dans l'intérieur
de la nef plusieurs verrières anciennes méritent de fixer
l'attention. Le sanctuaire doit à la générosité de Mlle de
Montpensier une décoration exécutée par Baptiste

Tuby sur le dessin de Lebrun, qui fait contraste avec le style de l'architecture. L'église de Saint-Merri a subi les mêmes transformations que celle de Saint-Séverin. Comme elle c'est un édifice reconstruit au seizième siècle, et dans lequel les architectes du siècle suivant ont laissé des traces trop apparentes de leurs travaux. Saint-Merri est la seule église de Paris qui possède une crypte ancienne dont la voûte en ogives surbaissées repose sur une colonne centrale. Les piliers du sanctuaire sont revêtus d'une lourde gloire à rayons dorés, composée par les frères Slodtz. Ce sont eux qui ont conduit tout le rajeunissement de l'église suivant la capricieuse fantaisie du dix-huitième siècle. La chaire, le banc d'œuvre et le buffet d'orgues sont intrinsèquement de bons morceaux de menuiserie qui paraissent bizarres dans un édifice ogival. La muraille de la nef sur le côté droit a été percée de trois arcades qui donnent accès dans la grande chapelle de la communion où l'on remarque un important tableau de Charles Coypel. L'extérieur de l'église a été plus respecté ; le portail d'entrée et les deux portes latérales sont décorés de pinacles, de clochetons et de voussures couverts d'une riche végétation sculptée. Seules les figures du portail avaient été brisées et on a dû les refaire à nouveau. La verrière de Saint-Merri était autrefois en grande réputation, et les meilleurs artistes parisiens du seizième siècle y avaient travaillé. La fabrique ayant cru devoir la remplacer en partie par du verre blanc, il n'en subsiste plus que des sujets intervertis et incomplets, mais qui sont cependant d'une bonne exécution.

Les archéologues devront aller chercher dans le quartier du Marais le

ÉGLISE DE SAINT-GERMAIN-L'AUXERROIS
(xvᵉ siècle)

cloître de l'ancien couvent des Billettes, dont l'église a été convertie en temple protestant. Le cloître lui-même sert de préau à une école municipale. Il a été reconstruit à la fin du quinzième siècle, et malgré les mutilations qu'elles ont subies, ses arcades ogivales, les seules de ce genre qui existent à Paris, offrent encore le caractère des monuments du moyen âge.

L'église de Saint-Nicolas des Champs est l'un des plus vastes édifices religieux de Paris. Elle a été construite sur le territoire du prieuré de Saint-Martin pour servir de chapelle aux habitants de ce faubourg suburbain. Le monument actuel a été commencé au quinzième siècle, mais il a été agrandi à mesure de l'accroissement de la paroisse, et il n'a été terminé qu'à la fin du seizième siècle. Ses nombreuses chapelles sont décorées de tableaux dont plusieurs sont importants pour l'histoire de l'art. On aperçoit au plafond de plusieurs d'entre elles des restes de peintures, revêtues plus tard d'une couche de badigeon, qui mériteraient d'être rendus à la lumière. Le chœur est orné d'un grand retable d'autel sculpté par Sarrazin et pour lequel Simon Vouet a peint l'Assomption de la Vierge. Sur la face latérale de droite on remarque un portique achevé sous le règne de Henri III. Ce portail, qui a conservé toute sa décoration et ses vantaux de bois sculpté, est un des meilleurs spécimens de l'architecture de la Renaissance que l'on ait à Paris.

Nous eussions dû citer déjà la chapelle du collège de Beauvais, le seul souvenir complet qui reste des nombreuses fondations scolaires qui accompagnaient l'Université. Elle avait été fondée en 1370 par le cardinal de Dormans, dont toute la famille y avait été ensevelie. Cette gracieuse construction avait été récemment restaurée par les Dominicains pour servir de chapelle au couvent qu'ils ont abandonné depuis. Non loin de là, sont les restes de l'ancien réfectoire du collège des Bernardins qui ont été défigurés pour l'installation d'une caserne de pompiers. Une partie des bâtiments du collège de Navarre est occupée par l'École polytechnique, mais la galerie la plus intéressante a été récemment jetée bas pour être remplacée par un bâtiment moderne. Enfin, le collège de Montaigu, situé place du Panthéon, a été détruit lors de l'établissement de la bibliothèque Sainte-Geneviève, et les derniers bâtiments du collège de Cluny ont disparu par suite de l'agrandissement de l'École de droit.

Comme la plupart des grands édifices religieux de Paris, l'église de Saint-Germain-l'Auxerrois remonte à une époque très reculée. On croit qu'elle a été construite en commémoration d'un miracle accompli par saint Germain d'Auxerre lors de son séjour à Paris. L'église était autrefois régie par un chapitre, mais elle fut transformée en paroisse au siècle dernier. L'édifice actuel, dans ses parties les plus importantes, date du quinzième siècle ; plusieurs chapelles appartiennent au siècle suivant, ainsi que l'ancienne maison presbytériale, débris du cloître qui environnait le chapitre et dont l'élégante tourelle a été abattue il y a peu d'années. En avant de l'église se développe un portique ouvert par sept arcades ogivales, couronné d'une balustrade ajourée. Ce porche fut construit par Jehan Gaussel en 1435. Les voussures de ces arcs sont richement ornées de figures sculptées et de dentelures; les portes de l'église qui y débouchent sont également décorées de plusieurs cercles concentriques de statuettes. On a tenté récemment d'appliquer sous ce porche le système de fresques à l'air libre si employé en Italie, mais l'humidité et les rigueurs de notre climat ont eu bien vite raison de cet essai. Au-dessus des deux arcades angulaires du porche ont été ménagées deux petites pièces dont l'une, ayant servi autrefois de chartrier à l'église, a conservé intact tout son revêtement d'armoires et de bancs en chêne sculpté avec ses serrures en fer découpé.

L'intérieur de Saint-Germain-l'Auxerrois a été modifié à plusieurs reprises d'une façon peu heureuse. En 1744, la fabrique fit supprimer un magnifique jubé, construit par Pierre Lescot et sculpté par Jean Goujon, qui fermait l'entrée du chœur. Les principaux bas-reliefs de cet admirable monument ont été heureusement sauvés et font partie du Musée du Louvre. Le chœur tout entier fut modernisé à la même époque, et les piliers furent cannelés pour être convertis en colonnes grecques. L'église fut saccagée en 1831 à la suite d'une émeute suscitée par l'annonce d'un service commémoratif de la mort du duc de Berry. Elle fut restaurée quelques années plus tard, et on y plaça un certain nombre de vitraux durs et criards de ton, exécutés à la manufacture de Sèvres. La grande nef pos-

HOTEL DE SENS (FIN DU XVe SIÈCLE)

sède quelques verrières du seizième siècle qui sont heureusement d'un meilleur style.

Lors du dégagement des abords du Louvre entrepris par le second Empire, on a construit entre l'église et

la nouvelle mairie du Ier arrondissement une tour
destinée à régulariser l'aspect d'ensemble de la place de
Saint-Germain-l'Auxerrois. Le but que l'on se proposait n'a pas été atteint, et rien n'est plus étrange que
ce clocher de style indécis qui n'appartient ni à
l'église ni à la mairie, et qui n'est qu'un décor inutile.
La mairie elle-même, élevée pour former le pendant
de l'église, n'a pour effet que de rendre monotone
l'aspect de ces bâtiments.

Paris possède plusieurs hôtels de l'époque du moyen
âge, mais ils appartiennent généralement à la fin du
quinzième siècle et font déjà pressentir l'avènement
de la Renaissance. On doit cependant faire une exception pour la tour carrée située dans la rue Tiquetonne
qui dépendait autrefois du fief d'Artois, possédé
ensuite par les ducs de Bourgogne. C'est dans cette
retraite, appuyée sur le mur d'enceinte de Philippe-
Auguste, que Jean sans Peur se retirait, comme dans
une forteresse, pour méditer ses projets ambitieux. Il
en sortit un soir pour assassiner son cousin Louis
d'Orléans, frère de Charles VI (1407). L'édifice, soli-
dement construit en pierres de taille et percé de baies
ogivales, est couronné de mâchicoulis sur lesquels
règne un comble moderne. L'escalier, dont la disposition imprévue montre la profonde habileté des architectes de la fin du quatorzième siècle, est terminé par
une caisse ronde servant de chapiteau, d'où s'échap-
pent des rameaux de chêne formant les quatre sections

de la voûte. Une partie de l'hôtel de Bourgogne fut ensuite occupée par une société d'acteurs qui, après avoir joui d'une grande célébrité au dix-septième siècle, se fondit dans la troupe de Molière. Les bâtiments ne présentaient plus d'intérêt quand la ville de Paris en fit l'acquisition pour y établir une maison d'école dont la façade principale s'ouvre sur la nouvelle rue Étienne-Marcel. Le donjon, qui seul était resté debout, a été épargné dans ces travaux d'appropriation et entouré d'un jardin. Il a été dernièrement classé au nombre des monuments historiques et il doit être prochainement l'objet d'une restauration complète. On distingue vaguement dans une des cours-passages de la rue Saint-Antoine une tourelle servant d'escalier que l'on croit être un débris de l'ancien hôtel du prévôt Hugues Aubriot.

L'une des curiosités archéologiques de Paris est l'hôtel appartenant jadis aux archevêques de Sens, qui exerçaient le droit de primatie sur les évêques de Paris. L'hôtel de Sens s'élève dans un quartier retiré, à l'angle des rues de l'Hôtel-de-Ville et du Figuier. Il a été construit de 1475 à 1517 par l'archevêque Tristan de Salazar. Après avoir été habité par le chancelier-évêque Duprat, par le cardinal de Pellevé et par la reine Marguerite de Valois, il abrite aujourd'hui une manufacture de confitures. La seule partie qui soit restée intacte est la façade terminée par deux tourelles à encorbellement et percée d'un grand portail à voussure ogivale.

Tous les aménagements intérieurs ont été détruits et toutes les dépendances n'existent plus. Malgré ces mutilations regrettables, il est à désirer que la Ville prenne les mesures nécessaires pour assurer la conservation de ce souvenir de l'ancien Paris. Il reste également à l'angle des rues Vieille-du-Temple et des Francs-Bourgeois une maison avec une tourelle angulaire, remontant aux dernières années du quinzième siècle, que l'on pense avoir fait partie de l'hôtel Barbette et où la tradition rapporte que Jeanne d'Albret est morte. Cette tourelle a dernièrement recouvré le toit aigu qui lui avait été enlevé par les précédents propriétaires de la maison.

Le logis que possédaient les abbés de Cluny est contemporain des premières années de la Renaissance, bien qu'il soit construit dans le style et dans les traditions de l'architecture du moyen âge. Depuis longtemps ces abbés avaient acheté l'emplacement du palais des Thermes avec l'intention d'y faire bâtir un hôtel qui eût été voisin du collège leur appartenant, près de la Sorbonne, et dont le beau cloître, après avoir servi d'atelier au peintre David, n'a été démoli qu'au commencement de notre siècle. Ce fut Jacques d'Amboise, évêque de Clermont et abbé de Cluny, qui fit élever en 1490 l'édifice actuel. L'hôtel resta la propriété de l'abbaye, mais n'étant plus habité par les abbés, il était loué à divers industriels. En 1833, M. du Sommerard, amateur passionné des objets du

HOTEL DE CLUNY (FIN DU XVᵉ SIÈCLE)

moyen âge, vint y installer sa précieuse collection, qui fut achetée à sa veuve par le gouvernement. En même temps l'État fit l'acquisition de l'hôtel pour y fonder un musée des antiquités nationales. En vertu d'une convention, la ville de Paris y réunit la grande salle des Thermes qu'elle possédait depuis longtemps. Les travaux d'appropriation furent rapidement exécutés, et le Musée nouveau fut inauguré en 1844. Depuis ce moment il a été sans cesse augmenté par des acquisitions ou par des découvertes, et ses développements ont exigé l'adjonction de nombreuses galeries. Lors du percement des boulevards Saint-Germain et Saint-Michel, à l'intersection desquels il est situé, l'hôtel de Cluny fut augmenté d'un square et de jardins disposés pour mettre en lumière les ruines romaines du palais des Thermes. Malgré ces accroissements, il est à regretter que l'on ait démoli les bâtiments de l'ancien couvent des Mathurins-Saint-Jacques, dans lesquels le Musée eût pu trouver un espace disponible qui manque à ses collections.

L'hôtel de Cluny et ses jardins servent d'asile à une série nombreuse de fragments d'édifices provenant de démolitions, ou découverts dans les fouilles. L'époque romaine y est représentée par les autels des *Nautæ parisiaci*, trouvés à Notre-Dame, par des bas-reliefs et par des inscriptions dès anciennes arènes; le moyen âge, par des fragments provenant de la Sainte-Chapelle, de Notre-Dame, de la tour et de l'église de

Saint-Jean de Latran, par les animaux fantastiques de la tour de Saint-Jacques-la-Boucherie, par des débris de la collégiale de Cluny et par une suite de sépultures apportées de Saint-Denis. On a pu y reconstituer la porte de l'ancien collège de Bayeux, situé rue de la Harpe; le portail de l'église de Saint-Benoît, démoli lors du percement de la rue des Écoles, et la charmante porte d'une maison de la rue du Foin. On y a relevé récemment le portail de la chapelle de la Vierge, construite par Pierre de Montreuil pour l'abbaye de Saint-Germain des Prés. L'intérieur des salles, qui renferment des collections très riches d'objets d'art du moyen âge, est décoré de grandes cheminées arrachées à divers hôtels des provinces de la Champagne, du Maine et de la Normandie. Un bel escalier de bois, au chiffre de Henri IV, provenant de la Chambre des comptes de Paris, établit une communication entre le rez-de-chaussée et le premier étage. La chapelle, surmontée d'une voûte à arêtes aiguës, et dont l'autel est disposé dans une tourelle reposant sur un pilier formant console, a été dépouillée des statues des membres de la famille d'Amboise, qui y étaient placées sous des dais richement ouvragés.

ÉPOQUE DE LA RENAISSANCE

Philippe-Auguste, ce grand tacticien, résolut de faire construire une forteresse appuyée sur l'enceinte de Paris, d'où il pourrait tout à la fois commander la ville et tenir la campagne. L'emplacement qu'il choisit portait le nom de *Lupara*, qui s'est traduit plus tard en celui de Louvre. On a cherché souvent, mais en vain, l'étymologie de cette dénomination. Le roi fit élever au centre du château, en 1204, un donjon entouré d'un large fossé. C'est de cette grosse tour que relevèrent désormais tous les grands fiefs du royaume. Louis IX séjourna également au Louvre; il augmenta les constructions de son aïeul et y fit élever une galerie qui portait le nom de salle de Saint-Louis. Le roi Charles V, qui abandonna sans retour le palais de la Cité, renouvela les constructions du Louvre et changea l'aspect de la forteresse féodale en une demeure fastueuse, pour la décoration de laquelle il fit appel aux peintres et aux sculpteurs les plus célèbres. Raymond du Temple, son maître des œuvres, fut chargé de diriger cette entreprise, avec la collaboration de Jean de Saint-Romain, sculpteur du roi, et des imagiers Jean de Liège, Jean de Launay, Jacques de Chartres et Guy de Dammartin. Les anciens auteurs décrivent

GALERIE DU LOUVRE (FIN DU XVI⁰ SIÈCLE)

avec admiration la grande vis du palais, qui était ornée des statues de Charles V et de sa femme, ainsi que de celles de ses frères. Ces travaux exercèrent une grande influence sur la marche artistique de l'école française, et ils devinrent le point de départ d'une nombreuse série de constructions identiques que les frères de Charles V et le roi lui-même se complurent à faire exécuter. Le beau retable du Palais de Justice, un panneau du Louvre, et surtout une précieuse miniature faisant partie d'un livre d'heures ayant appartenu au duc Jean de Berry, nous ont conservé des vues exactes du Louvre sous le règne de Charles V ; ils nous font voir un édifice à l'aspect pittoresque, dont les tours et les pavillons sont surmontés de tuyaux élevés, de crêtes et de girouettes en plomb décorant des combles aux arêtes hardiment découpées sur l'horizon. Des travaux récents, exécutés dans le sol de la cour du Louvre et sous les constructions de la Renaissance, ont permis de retrouver le périmètre de l'ancien château, dont l'appareil était établi avec un soin parfait. Pour conserver le souvenir de ces fouilles, on a dessiné, sur le sol de la cour actuelle, le tracé des anciennes murailles, et l'architecte, M. Guillaume, a utilisé comme caves les galeries souterraines qu'il avait découvertes en déblayant les sous-sols pour l'assainissement des salles de sculpture. Ces témoins permettent de reconnaître que le Louvre était entouré de deux enceintes flanquées de tours. La dernière enceinte, formée par le château lui-même, présentait les tours qui avaient reçu les noms divers de « tours de la Librairie, du Milieu devers les jardins, de la Taillerie, de la Grande-Chapelle, de l'Horloge, de la Fauconnerie et Devers l'artillerie ». Les tours de l'enceinte extérieure étaient isolées et moins importantes; la plus connue est celle du Coin, qui ne fut démolie qu'au dix-huitième siècle, et qui était située en regard de la tour de Nesle, sur les bords du fleuve. Toutes les murailles, à mâchicoulis et à échauguettes, étaient bordées de fossés profonds alimentés par la Seine.

Le château de Charles V, habité irrégulièrement par ses successeurs, qui préféraient le séjour plus agréable des hôtels Saint-Paul et des Tournelles, demeura sans modifications sensibles jusqu'au règne de François Ier. Ce souverain, trouvant cette antique demeure triste et incommode, résolut de la reconstruire complètement. La grosse tour centrale fut rasée au niveau du sol, et chacune des façades devait être refaite sur l'emplacement des anciennes. L'architecte Pierre Lescot fut chargé de la direction de cette entreprise, et il s'adjoignit comme sculpteur Jean Goujon, qui avait déjà travaillé avec lui à la fontaine des Innocents et au jubé de Saint-Germain-l'Auxerrois. Les travaux languirent jusqu'à la mort de François Ier, mais Henri II leur donna une plus vive impulsion. On lui doit l'achèvement de l'aile occidentale, et à l'intérieur, celle de l'escalier et de la salle des Gardes, ornée par Jean Goujon d'une tribune soutenue par des cariatides, et qui remplace l'antique galerie de Saint-Louis. Charles IX

continua l'aile septentrionale en retour, dans l'intérieur de laquelle étaient disposés le cabinet et la
chambre du roi, revêtus de riches lambris qui sont
actuellement replacés dans les salles de la colonnade.
Les parties construites par Henri II et par Charles IX
constituent l'une des meilleures manifestations de l'architecture française. Rien n'est plus pur que le style
de leurs ordres et de leurs divisions; rien n'est plus
délicat que leur ornementation. Les œils-de-bœuf qui
surmontent les portes sont entourés d'admirables
figures de femmes modelées par Jean Goujon, tandis
que les frontons de l'attique sont soutenus par des
guerriers et des génies dus en partie au ciseau large
et vigoureux de Paul-Ponce Trebatti.

Henri IV se préoccupa peu de l'œuvre du vieux
Louvre, qu'il habitait cependant; il reporta tous ses
efforts sur la petite et sur la grande galerie qui se font
suite en longeant le cours de la Seine, et qui avaient été
commencées sous Charles IX. Il obéissait, en agissant
ainsi, à une double préoccupation : d'abord à celle de
joindre le Louvre au palais des Tuileries, bâti par
Catherine de Médicis, et ensuite à celle de se ménager
une sortie de Paris en cas d'émeute. Le mur d'enceinte
de la ville se terminait alors sur l'emplacement de la
cour du Carrousel, et ce chemin avait été suivi par
Henri III pour s'enfuir dans la journée des Barricades.
Ces deux galeries, dont le développement est immense,
appartiennent bien plus à l'architecture du règne de

PAVILLON CENTRAL DU PALAIS DU LOUVRE
(xviie siècle)

Henri IV, qu'à celle de l'époque de Catherine de Médicis, qui les avait fait entreprendre par l'architecte Chambiges. Le rez-de-chaussée seul a conservé

quelques ornements datant des Valois, tandis que le
premier étage est contemporain de leur successeur;
mais l'œuvre postérieure a été si habilement soudée
que le tout semble avoir été conduit par la même main.
Les pilastres et les chapiteaux sont couverts des chiffres
et des armes de Henri IV, et les frises de l'entresol
représentent des jeux d'enfants dont on fait honneur
aux frères Pierre et François L'Heureux. Toute cette
partie a été restaurée avec un grand goût par l'architecte Duban.

La grande galerie s'arrêtait primitivement au pavillon Les diguières; Henri IV la fit continuer jusqu'au
pavillon d'angle du palais des Tuileries, par l'architecte Baptiste Androuet du Cerceau. Cette aile, soutenue par des pilastres d'un style froid et monotone,
a été démolie dans les dernières années du deuxième
Empire, et reconstruite dans le même caractère que
la galerie de Valois. L'architecte Lefuel y a ouvert, au
rez-de-chaussée, un portique à trois voûtes dont la
largeur facilite la circulation très active du pont des
Saints-Pères. Au-dessus de ces baies s'élève un fronton dans lequel est encastré un bas-relief en bronze
de M. Mercié, représentant le génie des Arts. Ces
derniers travaux ont amené de profondes modifications dans la destination de la seconde partie de la
grande galerie. On y a disposé une immense salle, mal
éclairée, qui devait servir à l'ouverture des Chambres,
et qui reste aujourd'hui sans emploi et sans décora-

tion. Dans le reste des bâtiments avaient été aménagés, à des niveaux différents, plusieurs appartements particuliers pour les officiers de la cour, qui sont occupés provisoirement par les services de la préfecture de la Seine. On ne peut s'empêcher de regretter la perspective majestueuse de la grande galerie de la peinture, avec la profondeur successive de ses travées, qui a été sacrifiée par un simple caprice de souverain.

Le cardinal de Richelieu résolut d'achever le Louvre, et il adopta le projet de l'architecte Lemercier, qui quadruplait l'étendue du palais. Chacune des ailes devait être ornée d'un pavillon central, de chaque côté duquel seraient répétées fidèlement les façades de Pierre Lescot. L'inconvénient de ce système était que le dessin de Pierre Lescot, merveilleusement approprié à la cour étroite du vieux château, ne se trouvait plus en proportion avec ce nouveau développement. Quoi qu'il en soit, ce plan fut définitivement approuvé, et Lemercier construisit le pavillon de l'Horloge, dont les cariatides ont été sculptées par Pierre Sarrazin. Il fit disparaître ce qui restait des bâtiments de Charles V, et ses dispositions furent continuées après lui par les architectes Levau et Dorbay, auxquels on doit l'aile du Nord et celle du Sud, qui fait face à l'Institut. En 1663, il ne restait à achever que la façade orientale qui devait servir d'entrée principale au palais. Le cavalier Bernin, appelé à Paris en raison de son immense réputation, présenta un projet qui ne fut pas accepté, et auquel on préféra celui de Claude Perrault. La colonnade qu'il fit construire est un des types les plus parfaits de l'architecture, toute d'apparat, de l'époque de Louis XIV. Mais malgré les heureuses proportions de ses colonnes et la délicatesse de ses chapiteaux, ce n'est qu'un placage étranger au reste du palais. Sa longueur du côté de la Seine a nécessité la construction d'une seconde façade destinée à doubler celle qui venait d'être terminée par Levau. Elle a également obligé à surélever les trois étages des ailes de la cour, qu'elle dominait démesurément, et cette dernière modification a changé complètement l'aspect intérieur du palais, en remplaçant l'attique par une répétition écrasante de l'ordre du premier étage.

Malgré ces grands travaux, Louis XIV abandonna le Louvre pour Versailles, et le palais inachevé tomba rapidement en ruines. Il avait concédé l'usage des appartements aux académies qui y exposaient les œuvres de leurs membres et y faisaient des cours. Une population entière d'artistes et de courtisans y jouissait d'ateliers et de demeures d'où elle bravait les ordres d'expulsion. Louis XV et son successeur essayèrent de rendre la place nette en démolissant les constructions qui obstruaient la cour, afin de donner suite au projet d'installation du Muséum, mais il fallut la Révolution pour nettoyer ces écuries d'Augias qui compromettaient la solidité du monument. C'est à elle que re-

COLONNADE DU LOUVRE (XVIIe SIÈCLE)

vient l'honneur d'avoir installé les richesses du musée
dans la grande galerie. Presque en même temps les
tableaux et les statues conquis sur l'étranger nécessitèrent l'ouverture de nouvelles salles. Le premier Empire chargea les architectes Percier et Fontaine de
terminer la décoration sculpturale de la cour qui était
encore incomplète, et d'aménager les galeries intérieures du musée Napoléon. L'entrée fut reportée sur
la place du Carrousel, dans l'axe du rez-de-chaussée de
la petite galerie dont les voûtes avaient été peintes par
Romanelli pour servir de salles de bains à la reine
Anne d'Autriche. La communication avec les galeries
de l'étage supérieur avait été établie au moyen d'un
escalier monumental soutenu par des colonnes de
marbre et décoré de peintures en grisaille, chef-
d'œuvre d'architecture savante qui a été inutilement
détruit lors de l'agrandissement du Louvre, pour faire
place à un autre degré inachevé et dont on essaye en
ce moment de dissimuler les dispositions incohérentes
en revêtant ses voûtes de mosaïques sorties des
ateliers de Sèvres.

Le gouvernement de la Restauration continua les
travaux de l'intérieur du Louvre ; il commanda une
série de plafonds peints pour les salles de l'aile méridionale en retour sur la cour du palais, où fut installé
le musée Charles X, et pour celles de la même aile qui
regardent la Seine. La deuxième République entreprit la restauration de la galerie d'Apollon qui occupe

l'étage supérieur de la petite galerie. Cette immense nef construite sous Henri IV avait été incendiée sous le règne de Louis XIV qui la fit rétablir sur les dessins de Lebrun. Tous les ornements avaient été exécutés par les meilleurs artistes de notre grande école d'art décoratif, et on peut les citer comme d'excellents modèles en ce genre. Toutefois cette restauration était restée inachevée, et la galerie n'était plus qu'une ruine quand l'architecte Duban lui rendit sa splendeur primitive. Il s'adressa pour la partie centrale de la voûte au peintre Eugène Delacroix qui y plaça un chef-d'œuvre : *Apollon tuant le serpent Python.* Duban fut chargé en même temps de terminer le salon carré qui fait suite à cette galerie, et la salle des sept cheminées où sont exposés les grands tableaux de l'école française du commencement de ce siècle.

Malgré leur importance ces travaux n'étaient que des entreprises de détail si on les compare à ceux qui suivirent l'avènement du second Empire. Avec une rapidité — un peu hâtive peut-être — la réunion du Louvre aux Tuileries fut achevée au moyen d'une longue aile longeant la rue de Rivoli et formant parallèle à celle située en regard de la Seine. Cette façade nouvelle n'était que la continuation d'un projet adopté sous le premier Empire et qui avait été mis à exécution jusqu'au pavillon de Rohan. Pour masquer le défaut de régularité qu'aurait présenté cet immense quadrilatère, on construisit deux ailes supplémentaires qui partant du vieux Louvre viennent former un angle droit aboutissant aux pavillons de Lesdiguières et de Rohan. Ce projet de réunion avait fait l'objet d'un concours à la suite duquel les dessins de l'architecte Visconti avaient été choisis. La mort ne permit pas à cet architecte de mettre à exécution son œuvre, qui fut continuée par M. Lefuel. Pendant la durée des travaux, une modification regrettable fut apportée au projet primitif par l'adjonction d'un attique supplémentaire qui entraîna la surélévation des bâtiments. C'est à cette cause qu'il faut imputer les proportions démesurées des frontons des pavillons qui surplombent la voie publique.

L'architecture du nouveau Louvre, bien qu'elle produise un grand effet en raison de son étendue extraordinaire, donne lieu à de nombreuses critiques. Les galeries du rez-de-chaussée ne sont qu'un placage d'un style inférieur à celui de la colonnade du Louvre dont nous avons parlé comme offrant le même défaut. Elles ne servent qu'à assombrir les salles dont les fenêtres y viennent déboucher, et les terrasses ornées de statues qui les surmontent ne conviennent nullement à un climat septentrional. Les pavillons sont décorés de frontons dus à nos meilleurs sculpteurs, mais on y remarque nombre d'ornements malencontreux, parmi lesquels sont des colonnes supportant des consoles retournées, contrairement à toutes les règles de l'art. Ces bâtiments sont occupés aujourd'hui par les ser-

GALERIE D'APOLLON AU MUSÉE DU LOUVRE (XVIIe SIÈCLE)

vices du Ministère des finances. On y avait aménagé la précieuse bibliothèque du Louvre, collection privée de nos souverains qui a disparu dans les incendies de 1871.

La cour du palais du Louvre attend un monument central qui vienne compléter sa décoration. Le gouvernement de Juillet y avait fait ériger une statue équestre du duc d'Orléans; plus tard on y exposa un modèle de monument en l'honneur de François Ier; mais aucun de ces projets n'a été adopté définitivement. Il en est de même des deux squares disposés entre les ailes du nouveau Louvre, qui devaient recevoir des statues, et devant l'un desquels on élève un monument dédié à Gambetta.

Les divers musées abrités dans le vieux palais du Louvre et dans ses nouvelles annexes forment un ensemble artistique sans pareil. S'ils sont surpassés sur certains points par des collections étrangères, nulle autre ne présente la même quantité de chefs-d'œuvre réunie dans un monument aussi remarquable. La collection de peintures, dont l'origine remonte à François Ier, s'étend dans l'étendue du salon carré et de la grande galerie, de la salle des sept cheminées, de l'ancienne salle des Gardes (salle Lacaze), et de trois nouvelles galeries dont l'une nouvellement terminée remplace la salle des États construite sous le deuxième Empire. Le musée des statues antiques comprend la salle des Cariatides, les appartements du rez-de-chaussée de la petite galerie, décorés pour Anne d'Autriche, et la série des salles de l'aile de Charles IX, doublée sous Louis XIV par les constructions de Perrault. Les terres cuites et la céramique antique remplissent les doubles salles du musée Charles X et de l'aile occidentale. Les objets du moyen âge sont exposés en partie dans la galerie d'Apollon, dont la décoration s'harmonise admirablement avec l'éclat des gemmes et des vases précieux renfermés dans des vitrines de bois doré. Une autre partie des objets de la Renaissance est installée dans l'aile méridionale et dans les salles de la Colonnade, où l'on a restitué les boiseries de la chambre et du cabinet du roi, autrefois placées sur l'emplacement de la salle des sept cheminées. Le musée égyptien occupe une galerie du rez-de-chaussée commencée sous Louis XVI pour contenir les statues des célébrités françaises, ainsi qu'une partie des salles du musée de Charles X au premier étage. Vis-à-vis se trouve l'entrée du musée assyrien que de nouvelles salles consacrées aux récentes découvertes de M. Dieulafoy viendront bientôt compléter. La collection des dessins est exposée dans les salles où siégeait autrefois le conseil d'État, et enfin un musée de marine, que tous les amateurs s'étonnent de voir placé au milieu des trésors artistiques de notre grande collection nationale, se développe dans les salles du deuxième étage.

L'histoire du palais des Tuileries, après avoir été indépendante, a fini par se confondre avec celle du palais du Louvre. Les Tuileries furent construites par la reine mère Catherine de Médicis sur l'emplacement d'une ancienne tuilerie et de plusieurs maisons particulières. Les travaux furent dirigés par l'architecte Philibert Delorme, aidé de Jean Bullant, créateur du château d'Écouen et l'un des meilleurs architectes de la Renaissance. Comme toutes les entreprises de Catherine, femme besogneuse et manquant d'argent, l'œuvre des Tuileries avança lentement et ne fut pas terminée. La reine n'y habita jamais; elle préférait le séjour de l'hôtel de Soissons, situé dans le voisinage de Saint-Eustache. Le plan de Philibert Delorme formait un rectangle avec une cour d'honneur et deux cours s'ouvrant sur les côtés par des portiques. La façade principale fut seule achevée. Au centre s'élevait un pavillon surmonté d'une coupole en forme de couronne et accostée de quatre autres petits dômes sur les angles; de ce dôme partaient deux galeries à portiques surmontées d'un attique et aboutissant à deux autres pavillons carrés. Philibert Delorme avait déployé, pour la décoration du dôme et de ces portiques, toutes les ressources d'une imagination fertile, unie au goût le plus pur. Il avait placé sous la coupole un escalier tournant et suspendu qui passait pour une merveille d'architecture.

Lorsque Henri IV conçut le projet de réunir le Louvre et les Tuileries, il fit ajouter à ces bâtiments, par

FAÇADE DU LOUVRE SUR LA COUR DU CARROUSEL (XIXe SIÈCLE)

Baptiste du Cerceau, une galerie à pilastres dans le même style que la dernière section de la grande galerie du Louvre. Cette façade était destinée à relier le pavillon méridional de Philibert Delorme à un nouveau pavillon situé au point de rencontre des Tuileries avec la grande galerie, qui fut appelé le pavillon de Flore. Le prolongement des Tuileries du côté septentrional ne fut pas entrepris par Henri IV, mais Louis XIV se chargea de le terminer. C'est à son règne que l'on doit la galerie parallèle à celle de du Cerceau et le grand pavillon terminant définitivement le palais, qui reçut le nom de pavillon de Marsan.

Louis XIV fit aussi remanier complètement l'intérieur de ce château. Il supprima la voûte hémisphérique du pavillon central, qu'il remplaça par un dôme carré et de l'aspect le plus lourd, en même temps qu'il supprimait l'escalier de Philibert Delorme. Les pièces disposées à son usage, bien qu'il n'y ait jamais séjourné, avaient été décorées par les plus habiles décorateurs des écoles de Lebrun et de Mignard. On y remarquait principalement la grande salle des banquets appelée la galerie de Diane, les appartements du roi situés au rez-de-chaussée, et le salon de famille qui était placé au premier étage. Pendant toute la durée du dix-huitième siècle, les Tuileries ne servirent guère que de pied-à-terre à la royauté lorsqu'elle passait par Paris. Louis XVI y resta les dernières années de son règne, et après lui la Convention y tint ses séances.

Le premier Empire fit exécuter des changements importants dans la distribution intérieure des appartements et dans leur décoration. Napoléon fit élever dans la cour une excellente imitation de l'arc de triomphe de Septime Sévère, destinée à immortaliser les succès des armées françaises. Louis-Philippe fit supprimer la terrasse située au-dessus du portique gauche, qui donnait tant de mouvement à la façade du jardin, pour y élever une galerie. Cet exemple fut suivi par le second Empire, et la terrasse de droite servit à former une suite de salons pour l'impératrice Eugénie.

Le palais des Tuileries ne survécut pas aux désastres de la guerre civile. Il fut anéanti en 1871 par un incendie qui ne laissa debout que les murailles des façades calcinées à l'intérieur par les flammes du pétrole. Le Parlement, reconnaissant que la restauration de ces ruines qui présentaient un aspect affligeant était impossible, vota leur suppression, après avoir fait réserver, pour les musées et pour plusieurs promenades de Paris, les meilleurs fragments d'architecture du palais. Telle fut la fin de ce monument, honneur de l'art, et le seul peut-être qui pût disputer au palais du Louvre la première place parmi les édifices de la Renaissance parisienne.

Quelques années après l'incendie de 1871, on entreprit la reconstruction du pavillon de Marsan, sur le même plan que celui du pavillon de Flore. Depuis son achèvement extérieur, ce bâtiment surchargé de sculptures attend une destination définitive qui entraînera des dépenses considérables. La Cour des comptes qui se trouvait sans asile depuis l'incendie du palais du quai d'Orsay devait y être installée. Dans ce but l'architecte Lefuel avait commencé, dans la grande galerie longeant la rue de Rivoli, un escalier conduisant au premier étage du pavillon de Marsan, dont les proportions colossales avaient envahi la majeure partie de l'espace nécessaire aux divers services de la cour. Depuis la démolition des Tuileries, ces deux énormes pavillons terminent brutalement l'immense périmètre régulier qui s'étend depuis la colonnade du Louvre sur près d'un kilomètre de longueur. Les lois de l'architecture exigent que cette harmonie ne soit pas rompue et que ce magnifique ensemble retrouve l'aspect que les efforts de quatre siècles avaient travaillé à lui donner. L'emplacement des Tuileries ne peut rester vide ou occupé par des masures à tout jamais affligeantes aux regards; il appelle la reconstruction d'un monument artistique qui remplace l'ancien palais. La translation prochaine du service des postes dans le nouvel hôtel qui lui est destiné va laisser libre la cour des Tuileries. Il est permis d'espérer que cet espace sera disposé provisoirement en jardin, jusqu'à ce que l'on ait adopté un projet définitif sur la destination de l'édifice qui succédera à la résidence royale.

Catherine de Médicis fit accompagner son palais

d'un vaste jardin dont les parterres brodés ont été gravés par du Cerceau. Le créateur des rustiques figulines, Bernard Palissy, avait exécuté pour l'un des bosquets une grotte enrichie de figures et d'animaux en terre émaillée dont on n'a pas encore retrouvé l'emplacement. Le jardin fut replanté par Le Nôtre sous le règne de Louis XIV; il se terminait primitivement par une contrescarpe qui fut remplacée par un pont tournant, lorsqu'on établit la place Louis XV. L'étendue de ce jardin fut augmentée et son alignement régularisé sous le premier Empire, lorsqu'on supprima le couvent des Feuillants et le manège ancien du château, pour ouvrir la rue de Rivoli. Les parterres sont ornés de statues dont plusieurs ont été mises en place sous Louis XIV. Les autres ont été apportées du château de Marly pendant la Révolution, ou commandées récemment à divers sculpteurs.

Jusqu'au seizième siècle la municipalité parisienne n'avait eu qu'une installation provisoire et insuffisante. Les officiers de la ville avaient acheté, en 1357, une propriété située sur la place de Grève, que l'on appelait la Maison aux piliers, parce que tous les bâtiments situés sur cette place étaient supportés par des piliers qui formaient une galerie couverte au rez-de-chaussée. Le bureau de la ville résolut de construire une maison commune répondant à l'importance de la capitale et rappelant les halles municipales de la Flandre, ainsi que les palais publics des villes italiennes. A l'instigation du roi François Ier, il adopta, en 1533, les plans de l'architecte Domenico Bernabei de Cortone, dit Boccadoro, sous les ordres duquel travaillaient les maîtres des œuvres et maçons François-Pierre Chambige et Jacques Coriasse. Les guerres contre l'Allemagne ralentirent les travaux qui furent continués sous le règne de Henri II. A la fin du seizième siècle le pavillon du Midi était achevé ainsi que tout le rez-de-chaussée du corps de logis central. L'œuvre fut reprise après la rentrée de Henri IV à Paris, et la grande salle, avec ses deux cheminées monumentales sculptées par Biard et par Boudin et son plafond à caissons dorés, fut terminée par l'entrepreneur Marin de la Vallée, sous la direction du maître des œuvres Pierre Guillain. On commença à la même époque le campanile qui contenait l'horloge et le pavillon du Nord, qui donnait entrée dans la chapelle de l'hôpital du Saint-Esprit, devant laquelle la municipalité avait obtenu de développer sa façade. Ce périmètre subsista sans accroissement jusqu'au premier Empire qui y réunit, sous le nom de salle Saint-Jean, une grande chapelle, seul reste épargné de la belle église de Saint-Jean-en-Grève. L'habitation du préfet de la Seine avait été disposée sur l'emplacement de l'ancien hôpital du Saint-Esprit. Le gouvernement de Juillet résolut de doter Paris d'un édifice répondant aux besoins sans cesse croissants de son énorme population. Les architectes Godde et Lesueur présentèrent un projet qui supprimait toutes les constructions d'époques différentes dépendant de l'Hôtel de ville, ainsi que la rue du Martroi qui passait sous le pavillon du Midi, et ne conservait que la façade de Boccador avec la cour centrale. Cette façade devait être encadrée dans un grand parallélogramme régulier, flanqué de gros pavillons aux angles et borné par la Seine, la place Lobau et la rue de la Tixeranderie. Ce projet, qui devait doter la ville d'un monument nouveau conçu sur des proportions inusitées, fut rapidement exécuté. La décoration intérieure exigea plus de temps ; elle fut confiée aux peintres Delacroix, Ingres, Lehmann, Cogniet et Cabanel qui y exécutèrent leurs meilleures œuvres. Une galerie des Fêtes, disposée sur la façade de la place Lobau, au-dessus de la nouvelle salle Saint-Jean, se prêtait admirablement aux bals et aux réceptions solennelles. Les niches des façades abritaient toute une série de statues consacrées aux célébrités parisiennes et aux personnages historiques de son édilité.

L'ancien berceau de nos libertés communales, si intimement lié à toutes les phases de notre histoire et où s'était souvent abrité le gouvernement dans les grands jours de dangers et de commotions pour être en contact plus direct avec la population, fut incendié en 1871, sans qu'il fût possible de rien sauver des richesses artistiques et des documents précieux qu'il renfermait. Un des premiers soins de la municipalité reconstituée fut de décider que le palais renaîtrait de ses ruines. Après

un concours qui imposait, comme condition primordiale, la conservation de la façade de Boccador, le projet
de MM. Ballu et Deperthes fut choisi comme offrant les
meilleures dispositions intérieures. Ce projet repro-
duit dans une certaine mesure le plan de MM. Godde
et Lesueur, mais les détails de la décoration en sont
sensiblement différents ainsi que la distribution et le
style de l'architecture. L'échelle des constructions
étant supérieure, il fallut augmenter leur périmètre
qui a été reporté en avant sur chacune des trois façades
du quai de l'Hôtel-de-Ville, de la place Lobau et de la
rue de Rivoli. Toute la partie sculpturale des escaliers
et des galeries a été traitée avec un soin infini en
s'inspirant des modèles de l'ancien Hôtel de ville. Les
grands salons de réception et les galeries sont restés
jusqu'à ce jour sans décoration. C'est une vaste surface
où le talent de nos artistes trouvera largement à s'exer-
cer, lorsque le Conseil municipal aura adopté un programme d'ensemble pour l'exécution de ces travaux.

Pierre Lescot et Jean Goujon ont laissé d'autres
témoignages de leur collaboration artistique. Le plus
populaire est la fontaine des Innocents, qui était primitivement placée au coin de la rue Saint-Denis et de
la rue aux Fers. Elle formait une sorte de galerie à
deux arcades accolées au mur des maisons voisines.
Lors de la suppression du cimetière des Innocents, en
1785, elle fut transportée au milieu du nouveau marché,
et on lui donna la forme d'un pavillon carré. Le sculp-

HOTEL DE VILLE (XVIe ET XIX^c SIÈCLES)

teur Pajou fut chargé de la compléter en y ajoutant deux figures supplémentaires. Par suite du percement du boulevard Sébastopol et de l'agrandissement des halles, la fontaine subit un nouveau déplacement, et après l'avoir restaurée, on la réinstalla au-dessus d'un château d'eau plus important. Les bas-reliefs de Jean Goujon, qui représentent des Naïades debout tenant des urnes, sont une des plus heureuses créations de la sculpture française du seizième siècle; elles sont encadrées de lignes architecturales d'un style très pur. Une partie des bas-reliefs du soubassement trop exposée à la ruine, en raison de son contact avec l'eau des vasques, a été transportée au musée du Louvre et remplacée par des reproductions.

Le nom de Jean Goujon, uni cette fois à celui de Jean Bullant, architecte du connétable de Montmorency, se lit sur la façade de l'hôtel bâti rue de la Culture-Sainte-Catherine par le président de Ligneris. La maison forme un corps de logis situé au fond d'une cour bordée de deux portiques servant de dépendances. Le portail d'entrée est décoré d'un arceau encadré de bossages dont le tympan est occupé par deux enfants soutenant un cartouche; sur la clef de voûte se détache une figure allégorique. Deux bas-reliefs, placés à droite et à gauche, représentent des lions marchant, accompagnés de trophées d'armes. Ces derniers sont attribués à Paul Ponce, ainsi que les mascarons de l'aile gauche intérieure. L'arc de la cour est décoré de deux Victoires couchées et d'une figure allégorique formant la clef. Quatre figures de femmes, symbolisant les Saisons, sont sculptées sur la façade du corps de logis. L'hôtel qui prit le nom de Carnavalet, quand il passa dans les mains de la famille bretonne des Karnavanoy, fut complété et agrandi par François Mansart qui, tout en respectant le plan de son devancier, suréleva toutes les façades à la hauteur du corps central. Pour harmoniser la décoration de la cour, il fit exécuter huit autres figures d'un caractère bien inférieur aux bas-reliefs de la Renaissance, qu'elles complètent.

L'hôtel Carnavalet servit longtemps de séjour à la marquise de Sévigné qui y a écrit une partie de ses merveilleuses lettres adressées à sa fille la comtesse de Grignan. Bien que rien n'y rappelle actuellement sa présence, on sait qu'elle habitait une partie du logis central et que son cabinet, donnant sur le jardin, était situé sur l'emplacement du nouvel escalier qui conduit aux combles. Après une longue série de propriétaires, cette demeure artistique avait été affectée en dernier lieu à un pensionnat, lorsqu'elle fut acquise par la ville de Paris pour y créer un musée historique. L'hôtel dut subir auparavant d'importantes réparations qui lui ont redonné son aspect original. Les collections qui y sont conservées comprennent deux séries. La première est une bibliothèque consacrée à l'histoire de Paris et particulièrement riche en documents sur l'époque révolutionnaire. Dans la seconde, on a recueilli tout ce que les fouilles opérées dans le sol de la ville depuis les vingt dernières années ont mis à jour d'objets antiques. Nous avons déjà signalé quelques-unes des sculptures qui composent cette nombreuse collection, lorsque nous avons énuméré les diverses découvertes d'édifices gallo-romains faites à Paris. Le jardin qui fait suite à l'hôtel a été également utilisé pour l'exposition de monuments anciens. Il est entouré d'un portique ouvert, surmonté d'une légère galerie qui met en communication trois édifices condamnés à disparaître par les exigences de la voirie et qui ont dû être transportés pierre à pierre. Le plus important est l'ancienne maison syndicale des drapiers, dont la façade, située autrefois rue des Déchargeurs, avait été bâtie sous la régence d'Anne d'Autriche. Dans l'intérieur on a restitué des peintures décoratives provenant de l'ancien hôtel de M. de Nouveau, ayant appartenu plus tard à la famille des Dangeau, sur l'un des côtés de la place Royale. On achève en ce moment la mise en place d'un arceau provenant des dépendances de l'ancienne Cour des comptes, dans la rue de Nazareth, qui est orné de sculptures aux chiffres de Henri II. La troisième restitution de ce jardin est celle d'un pavillon dont le rez-de-chaussée est percé d'une large baie soutenue par deux colonnes, qui faisait autrefois partie de l'hôtel du duc de Choiseul.

Non loin de là, à la rencontre des rues du Temple et Rambuteau, se trouve un grand hôtel construit par

MAISON DES DRAPIERS (XVIIᵉ SIÈCLE)
(Jardin du Musée de l'hôtel Carnavalet)

l'architecte Lemuet, pour le diplomate d'Avaux, et possédé ensuite par le duc de Saint-Agnan. Les pilastres qui supportent sa corniche rappellent ceux de la cour du château d'Ecouen, qui lui sont antérieurs. Cet hôtel est défiguré par les industries nombreuses qui y sont installées, et il n'y faut plus chercher le souvenir des magnificences seigneuriales d'autrefois. Une autre maison de la rue des Francs-Bourgeois a conservé une section de sa façade, construite sous le règne de Charles IX, qui donne sur un jardin intérieur. Dans la même rue, on remarque une vaste demeure commencée par Diane de France, fille de Charles IX et de Marie Touchet, et terminée par Charles de Valois, duc d'Angoulème. Elle vint ensuite en la possession de la famille Lamoignon qui lui donna son nom. Après la mort du président, cet hôtel fut loué à l'ancienne municipalité de Paris pour y installer la bibliothèque qui lui avait été léguée par l'avocat de la ville Mouriau, et qui devint plus tard le noyau de la bibliothèque de l'Institut. L'hôtel Lamoignon est situé au fond d'une grande cour, qui permet de voir à l'aise les détails de sa décoration, parmi lesquels on trouve des arcs, des croissants, des cors de chasse et des têtes d'animaux. Le style accuse la seconde moitié du seizième siècle, où les grands principes de l'art étaient déjà tombés en oubli.

On est agréablement surpris en apercevant sur le cours la Reine, au milieu d'hôtels modernes, un délicieux pavillon carré sur les murailles duquel la sculpture de la Renaissance a semé ses plus délicats ornements. Cet étonnement cesse lorsqu'on sait que cette maison, primitivement construite pour servir de pavillon de chasse à François Ier, a été transportée de Moret, près de Fontainebleau, par la société de spéculateurs qui a créé le nouveau quartier de François Ier. Le rez-de-chaussée de cette petite loggia tout italienne est occupé par trois grandes baies, autrefois ouvertes à l'air libre. Au-dessus règne un attique éclairé par une suite continue de petites fenêtres rectangulaires à meneaux.

La boulangerie des hospices de Paris est établie dans une ancienne demeure du quartier Saint-Marcel, construite pour Scipion Sardini, financier italien attaché à la cour des Valois. On voit encore, dans la cour intérieure, quelques médaillons en terre cuite qui imitent la décoration des édifices milanais du seizième siècle. La rue Hautefeuille avait conservé jusqu'à ces dernières années plusieurs tourelles élégantes qui ont disparu; on y remarque encore une curieuse maison de la fin du quinzième siècle, jusqu'ici épargnée par les démolisseurs.

Plusieurs des églises de Paris ont été construites sous l'influence des doctrines nouvelles de la Renaissance. Saint-Eustache, le plus vaste vaisseau religieux de la ville après la cathédrale, a été commencé en 1532 par le prévôt de Paris, Jean de la Barre. Le plan en a été attribué à l'architecte Dominique de Cortone, ami et protégé de cet officier, sans qu'on en ait trouvé la preuve certaine. Ce que l'on peut affirmer c'est que le style de l'édifice est bien plus italien que français, et que la disposition générale rappelle, seule, celle de nos anciennes églises. De plus, les dais qui protègent les statues des porches, absentes aujourd'hui, offrent les mêmes ornements compliqués que ceux de l'ancien Hôtel de ville. Le dessin primitif de la façade, qui ne fut conduit que jusqu'au deuxième ordre, était une imitation évidente de celle de la Chartreuse de Pavie. Les travaux de l'église furent achevés dans la première moitié du dix-septième siècle par le maître des œuvres David; la façade seule restait à terminer. Le duc d'Orléans, fils du régent, la fit abattre comme barbare pour la rebâtir sur un plan nouveau dû aux architectes Mansart de Jouy et Moreau. Ce fut un monument incomplet substitué à un autre inachevé, et celui-ci ne se raccorde pas au style de l'église qu'il écrase par la hauteur de ses ordres classiques. Les deux portails latéraux ont heureusement conservé leur ordonnance originale qui se distingue, sinon par la pureté, au moins par la grâce et la bonne exécution des voussures et des ornements. L'intérieur de l'église Saint-Eustache atteint par ses grandes proportions un effet d'unité que l'extérieur ne présente pas. La voûte, très élevée, est supportée par une série de piliers carrés et partagés dans leur hauteur en trois étages de pilastres et de colonnes de divers ordres. Bien qu'il résulte, de ces lignes brisées, un défaut d'harmonie, la nef étonne par la richesse de sa disposition et par la hardiesse de ses clefs pendantes.

ÉGLISE SAINT-EUSTACHE (XVIᶜ SIÈCLE)

Les larges baies du chœur sont éclairées par des verrières peintes par Antoine Soulignac sur les cartons de
Philippe de Champaigne qui, s'il avait perdu la tradition du grand art du moyen âge, a su au moins donner
le caractère religieux à ses grandes figures d'apôtres.
Dans l'une des chapelles situées derrière le chœur on a
récemment replacé le monument de Colbert, paroissien
de Saint-Eustache, qui se voyait autrefois à l'opposite
du maître-autel. Ce tombeau, sculpté par Coyzevox
et par son élève Tuby, est l'un des meilleurs spécimens
de la sculpture française au dix-septième siècle.

L'église de Saint-Étienne du Mont servait originairement de chapelle à la population laïque établie dans
l'enceinte de l'abbaye de Sainte Geneviève. L'oratoire, devenu ensuite église paroissiale, fut démoli au
seizième siècle pour faire place à un monument plus
important. Les travaux de l'édifice actuel furent commencés sous le règne de François Ier, mais, poursuivis
avec la lenteur habituelle de cette époque, ils durèrent
pendant tout le seizième siècle. La nef seule et les chapelles étaient achevées, quand la reine Marguerite de
Valois vint, en 1610, poser la première pierre de la
façade. L'ordonnance en présente un aspect original.
La porte principale est surmontée d'un portique à
fronton, dont les colonnes cannelées à bagues rappellent celles de l'ancien palais des Tuileries. Au-
dessus s'ouvre une rose accostée de deux niches et
formant avant-corps, avec grande corniche cintrée.

Le mur pignon de la grande nef est orné d'une fenêtre à pilastres et à dentelures découpées en arabesques. ce même genre d'ornements se retrouve à l'intérieur, auquel il donne un cachet particulier d'originalité. L'église est la seule de Paris qui ait conservé son jubé dont on ne peut se lasser d'admirer la grâce et la hardiesse. Sa voûte cintrée est jetée hardiment dans le vide, en travers du chœur, et les tourelles à jour qui contiennent les escaliers embrassent les piliers de la nef pour former une galerie aérienne autour du chœur. Deux portes latérales, s'appuyant sur le jubé, ferment les nefs latérales et sont surmontées de statues que l'on attribue à Biard. La chaire, sculptée par Lestocard, sur le dessin de La Hire, est l'un des chefs-d'œuvre de la sculpture sur bois au dix-septième siècle. L'église a conservé un véritable musée de peinture sur verre ; quelques-unes portent des inscriptions rappelant le nom des paroissiens qui en ont fait hommage lors de la construction de l'édifice. D'autres verrières, moins importantes comme dimensions, mais plus curieuses peut-être, en raison de leurs sujets, décorent les fenêtres de l'ancien charnier de l'église, servant aujourd'hui de salle des catéchismes. On admire également dans la nef deux grands tableaux votifs, peints par Largillière et de Troy, lors de l'hiver de 1710 et de la disette de 1725.

La vieille église de Saint-Jacques de la Boucherie, près de laquelle s'élevaient les étaux des bouchers et les bâtiments de l'hôpital de la grande confrérie des pèlerins de Saint-Jacques de Compostelle, a disparu, ne laissant après elle que cette tour qui rompt si heureusement la longue uniformité de la rue de Rivoli. La façade principale de l'église ainsi que la tour avaient été commencées sous le règne de Louis XII. Cette dernière a été achevée de 1508 à 1522 ; les animaux qui décoraient sa plate-forme avaient été sculptés par l'imagier Rault. Lors de la démolition de l'église, cette tour fut épargnée, par suite de sa position isolée, et acquise par un industriel. L'administration municipale la racheta et résolut postérieurement d'en faire le motif principal de la décoration d'un square. La tour Saint-Jacques fut alors l'objet d'une restauration complète, et l'abaissement du terrain environnant a permis de lui donner

TOUR SAINT-JACQUES (XVIᵉ SIÈCLE)

JUBÉ DE SAINT-ÉTIENNE DU MONT (XVIIᵉ SIÈCLE)

une sorte de piédestal qui fait mieux apprécier la légèreté de son architecture et les détails de ses contreforts et de ses lancettes fleuronnées.

L'église de Saint-Gervais et de Saint-Protais a subi tant de modifications successives qu'il est difficile de préciser l'époque à laquelle elle appartient. Une inscription constate que la dédicace en avait eu lieu en 1420, mais le style général de l'édifice semble se rapprocher bien plus de la fin du quinzième siècle. Les travaux furent continués pendant le siècle suivant, et les frères Jacquet, habiles maçons que l'on sait avoir été employés à la construction de divers bâtiments royaux sous François Ier, ont élevé, en 1517, la chapelle de la Vierge, presque aussi importante qu'une église, à la voûte de laquelle ils ont suspendu une couronne découpée à jour et retombant de l'intersection des nervures. Cent années plus tard, l'architecte Salomon de Brosses éleva la façade qui fut longtemps considérée comme un des chefs-d'œuvre de l'architecture française. Malgré le talent d'arrangement que l'on peut y remarquer, il faut reconnaître que cette façade n'est qu'un revêtement s'arrangeant mal avec les dispositions de l'intérieur, et de plus, que le style classique de ses ordres est en complet désaccord avec l'architecture ogivale du monument. Saint-Gervais étant entouré de maisons particulières, il est difficile d'embrasser complètement l'aspect de son enceinte. Il faut entrer dans une des cours étroites dépendant de l'église pour admirer sa façade septentrionale, que la Renaissance a ornée de clochetons, de voussures et de frises finement sculptés. Du pied de cette façade s'élève une tour carrée dont la majeure partie appartient au même temps.

L'intérieur de l'église est riche en objets d'art, malgré les pertes qu'il a supportées au siècle dernier. Saint-Gervais servait de paroisse au Marais, alors le quartier à la mode de Paris, et plusieurs grandes familles avaient tenu à signaler leur piété par de fastueuses fondations. C'est ainsi qu'on y remarque le grand monument funéraire du chancelier Le Tellier, père du ministre Louvois, qui a été sculpté par Mazeline et Hurtrelle. Dans la paroi de la chapelle de Sainte-Anne s'ouvre un petit oratoire, dont les lambris peints et sculptés forment un ensemble complet. L'autel de cette chapelle privée porte les armes de Berthauld de Chémauld, président à la Cour des comptes. On a placé dans le chœur une double rangée de stalles décorées du chiffre de Henri II, sur les miséricordes desquelles un menuisier peu révérencieux a sculpté des sujets parfois trop libres dans leur réalisme.

Les vitraux de Saint-Gervais étaient classés par les historiens parmi les plus beaux de Paris. Quoiqu'ils aient souffert de nombreuses mutilations et des restaurations maladroites, il en reste d'importants fragments. Le plus remarquable représente le *Jugement de Salomon;* il porte la date de 1551 et est attribué à

Jean Cousin, ainsi qu'une seconde verrière représentant *Saint Pierre guérissant le Paralytique*. Il ne subsiste que des débris d'un troisième vitrail sur lequel on voyait le *Martyre de saint Laurent*. Les peintures sur verre de la chapelle de la Vierge sont attribuées à l'un des Pinaigrier, habiles artistes qui avaient peuplé nos vieilles églises de chefs-d'œuvre que leur fragilité a empêché de nous parvenir, mais en raison de leur mauvais état de conservation, ce ne sont plus que de pâles souvenirs de ce qu'ils étaient jadis. Un autre panneau en grisaille également remanié a été peint par François Perrin, sur un carton d'Eustache Lesueur.

Ce dernier artiste avait exécuté pour les chapelles de Saint-Gervais plusieurs compositions qui sont actuellement conservées au musée du Louvre. Une seule de ces toiles, figurant l'Éternel, est restée en place dans l'un des retables du transept. L'église compte plusieurs autres peintures intéressantes, notamment un tableau divisé en compartiments où sont peints les sujets de la *Passion*, par Aldegraever, maître allemand du seizième siècle, et surtout une lunette placée au-dessus du banc-d'œuvre, formant autrefois le couronnement du grand tableau de l'*Assomption* du musée de Lyon, peint par Pérugin, trophée apporté de Pérouse à Paris lors de la conquête de l'Italie.

Il faut encore citer, parmi les édifices religieux du seizième siècle, l'église de Saint-Laurent, dans laquelle on trouve un chœur et un clocher construits au quinzième siècle, avec une nef et un transept du siècle suivant. Le portail, qui datait du dix-septième siècle, a été remplacé, lors du percement du boulevard de Strasbourg, par un porche monumental orné de voussures sculptées et de peintures sur fond d'or. Dans celle de Saint-Leu-Saint-Gilles, on constate le mélange de trois styles différents et juxtaposés. L'édifice avait été terminé au dix-septième siècle, et la décoration du sanctuaire avait été renouvelée en 1780 par l'architecte de Wailly. Le passage du boulevard de Sébastopol, ayant emporté le chevet de cette église, a amené la reconstruction de l'abside dans un style uniforme. On a saisi cette occasion pour isoler le monument et pour disposer, sur le flanc Nord, une grande chapelle et un presbytère. L'église de Saint-Médard, perdue dans le quartier Mouffetard, a joui d'un moment de célébrité populaire, à l'époque des convulsionnaires qui se réunissaient sur la tombe du diacre Pâris. La nef date du quinzième siècle, et le chœur a été construit en 1586. Une décoration grecque, que l'architecte Petit-Radel lui a fait subir en 1785, a enlevé au monument le peu d'intérèt artistique qu'il présentait. Dans la banlieue de Paris, l'ancien village de Charonne a conservé sa primitive église paroissiale, dont la construction commencée au quatorzième siècle semble avoir été interrompue au siècle suivant.

XVIIᵉ SIÈCLE

Dès que son gouvernement fut établi régulièrement et qu'il eut effacé les dernières traces des guerres de religion, Henri IV s'efforça de développer le commerce et l'industrie de Paris, et de doter la ville de monuments et d'établissements en rapport avec l'importance nouvelle qu'elle prenait chaque jour. Par son ordre, de grands travaux de viabilité furent entrepris, et l'on construisit les nouveaux quartiers du Marais, de l'Arsenal et de Bonne-Nouvelle, qui se peuplèrent d'hôtels particuliers. Pour établir une communication plus rapide entre les deux rives de la Seine, il fit terminer le Pont-Neuf qui, commencé sous le règne de Henri III (1574), avait été abandonné pendant la Ligue et fut inauguré en 1603. Avec le concours intelligent du prévôt des marchands, François Miron, il fit ouvrir la rue Dauphine, située dans l'axe de ce pont, et adopta tout un système d'édilité que la mort ne lui permit pas de réaliser entièrement. Le Pont-Neuf a subi de nombreuses modifications qui ont altéré sa physionomie originale. Primitivement, les voûtes formaient un arc aigu qui surélevait la partie centrale; elles ont été abaissées afin d'adoucir la pente du tablier. On a refait en même temps la corniche, dont les mascarons grotesques, d'un bon style, ont été transportés au musée de Cluny et remplacés par des reproductions. Ce pont fut, pendant tout le dix-septième siècle, le passage le plus fréquenté de Paris. Les premiers comiques populaires y donnaient des représentations sur des tréteaux, et après la mort de Henri IV, le ministre Richelieu fit ériger en son honneur, sur un terrain-plein réuni à la Cité, une statue équestre due à Jean Bologne et à ses élèves Francheville et Guillaume Dupré. Cette figure fut brisée à la Révolution, mais elle a été remplacée par une nouvelle statue de Lemot, après la rentrée des Bourbons.

Le Pont-Neuf est le plus ancien des ponts de Paris. Pendant longtemps, il n'avait existé que ceux qui mettaient la cité en communication avec les deux rives de la Seine, et qui remontaient à l'époque gallo-romaine. C'étaient le pont Notre-Dame et le Petit-Pont qui réunissaient les rues Saint-Martin et Saint-Jacques, établies sur le tracé de la voie romaine traversant la ville. Le Petit-Pont aboutissait au petit Châtelet, qui commandait le passage de la Seine sur la rive gauche. Le pont Notre-Dame, emporté à plusieurs reprises par la débâcle des glaces, avait été reconstruit en 1499, sur les plans de fra Giocondo de Vérone. Les nombreuses boutiques qui garnissaient les deux côtés de son parcours étaient occupées par les ateliers et les magasins des orfèvres parisiens. Sa riche décoration sculpturale se prêtait heureusement aux solennités des entrées princières et des fêtes officielles. Le pont Notre-Dame, débarrassé actuellement des anciens moulins et des machines destinées à élever l'eau, qui obstruaient le cours de la Seine, a été absolument modernisé, mais une partie de ses piles est encore appuyée sur les fondations du seizième siècle. Le pont au Change fut occupé au douzième siècle par les changeurs de Paris, qui avaient établi leurs comptoirs dans ses maisons. Il était terminé au Nord par les constructions du grand Châtelet, où se rendait la justice du prévôt de Paris, chargé d'assurer la tranquillité de Paris au nom du roi. Le grand Châtelet occupait l'emplacement actuel de la place du même nom, à l'extrémité de la rue Saint-Denis ; il a été supprimé à la fin du dix-huitième siècle. Le pont au Change, le plus important de la ville, et à l'extrémité duquel la ville avait fait ériger un monument en l'honneur de Louis XIV, fut démoli lors de l'ouverture du boulevard du Palais, parce qu'il gênait la perspective des nouveaux monuments, pour être reconstruit à peu de distance. Le pont Saint-Michel, qui continuait la seconde voie transversale de Paris, fut également remplacé à cette dernière époque, parce que ses arches étroites entravaient la navigation. Si l'on peut reprocher aux ponts construits par les ingénieurs modernes de ne plus présenter l'intérêt architectural de ceux élevés par les anciens maîtres Des œuvres, il faut reconnaître qu'ils répondent mieux aux besoins de la navigation et de la circulation.

En même temps que Henri IV entreprenait les travaux d'achèvement du Pont-Neuf, de la grande galerie du Louvre et de la réunion de ce palais à celui des Tuileries, il poursuivait la création de plusieurs places destinées à mettre en valeur des surfaces inoccupées. La première de ces opérations fut la place Royale, devenue le centre du nouveau quartier du Marais, et sur l'emplacement de laquelle s'étendaient les vastes dépendances de l'ancien hôtel royal des Tournelles. L'aliénation de ce séjour avait été résolue par Catherine de Médicis, à la suite de la mort du roi Henri II, qui y succomba après l'accident funeste du carrousel de la rue Saint-Antoine. Henri IV se proposait d'établir, dans les bâtiments de la place nouvelle, les différentes manufactures qu'il avait organisées à Paris ; mais ce projet fut abandonné après sa mort, et les artistes protégés par le roi continuèrent de demeurer dans la galerie du Louvre. Les hôtels de la place Royale ne tardèrent pas à être adoptés par la mode, et les plus nobles familles y élurent domicile. Le ministre Richelieu fit ériger, au centre du jardin, une statue équestre de Louis XIII, dont le cheval, modelé par Daniel de Volterre, était la partie la mieux réussie. Cette statue, brisée sous la Révolution, a été remplacée par un groupe de marbre qui ne fait pas honneur à la sculpture française du commencement du dix-neuvième siècle. Le jardin était autrefois entouré par une grille décorée d'ornements en fer estampé, qui a fait place à une clôture de fonte, sans que l'on comprenne le motif de cette proscription. C'est le seul changement qu'ait subi l'immense quadrilatère de la place Royale, dont l'aspect général est encore celui que lui a donné Henri IV en 1605.

La place Dauphine fut commencée quelques années plus tard; elle était destinée à rappeler le souvenir de la naissance du jeune dauphin qui devint Louis XIII. Elle devait régulariser les alentours du Pont-Neuf et établir une communication facile entre les deux rives de la Seine et l'extrémité occidentale de la Cité. Les anciens plans de Paris représentent ce point comme étant occupé par les jardins du Palais, dont les allées couvertes en berceau s'étendaient jusqu'à la rivière. En avant, se trouvait un îlot, aujourd'hui relié au Pont-Neuf, où avaient été exécutés Jacques de Molay et les chevaliers du Temple. Le plan de la place Dauphine ne présentait par la régularité de celui de la place Royale, par suite de la configuration du terrain, plus étroit à l'entrée que dans la partie voisine du Palais. Cette dernière place a subi de profondes modifications qui ont altéré son caractère primitif, et la démolition des bâtiments longeant la rue de Harlay semble devoir être suivie de sa disparition totale. Ces deux places peuvent être citées comme les exemples les plus frappants du style de l'architecture française qui suivit immédiatement l'époque de la Renaissance. On y remarque un compromis entre l'art italien et la manière flamande, dont le génie français, épuisé par les luttes sanglantes de la Ligue, devait s'inspirer pour créer un nouveau style original. Les constructions du commencement du dix-septième siècle sont parfois d'une uniformité fatigante, mais leurs pilastres et leurs refends de pierre blanche se détachent d'une façon pittoresque sur les murailles de briques rouges, en même temps que leurs grands combles d'ardoise, surmontés d'épis en plomb, contribuent à animer leurs masses un peu lourdes. Ce style devait persister en France pendant tout le règne de Louis XIII, et ne disparaître qu'à l'avènement des principes nouveaux suivis par les architectes de Louis XIV.

Henri IV avait conçu le projet d'une place, plus vaste encore que les deux précédentes, qui aurait été disposée dans le quartier du Temple et se serait appelée la place de France. Le graveur Châtillon nous a conservé une vue de ce projet qui embrassait une grande place centrale entourée de bâtiments et de pavillons uniformes avec des rues portant les noms des principales provinces de France. L'entreprise fut abandonnée par Louis XIII, mais les rues de Saintonge, du Poitou, de Bretagne, qui devaient y aboutir, nous en transmettent le souvenir.

Il est difficile de retrouver les traces de cette architecture dans le palais que le ministre Richelieu s'était fait construire à Paris dans le voisinage du Louvre et qui prit après sa mort le nom de Palais-

Royal, lorsque le jeune roi Louis XIV vint y habiter.
Les fondations de ce vaste bâtiment furent jetées en
1629, suivant les plans de l'architecte Jacques Lemercier, sur l'emplacement des hôtels de Mercœur et de
Rambouillet. Richelieu l'avait légué à la couronne, et
le roi Louis XIV le donna en apanage à son frère Gaston d'Orléans, dans la famille duquel il resta jusqu'à
la Révolution et jusqu'à l'établissement du gouvernement de Juillet. De grands changements y furent ap-
portés en 1763, et plus tard par le roi Louis-Philippe.
Ces modifications ont eu pour résultat de renouveler
complètement l'aspect du palais et l'on n'aperçoit plus
de vestiges des bâtiments de Lemercier que dans la galerie basse communiquant à la cour des Fontaines, où
existent encore des proues de vaisseau destinées à rappeler que le cardinal était surintendant général de la
flotte française. Dans l'intérieur existait une galerie
consacrée aux illustrations nationales, offrant une série
de portraits peints par Vouet et Philippe de Champaigne ; une autre disposée sous le règne de Louis XIV,
reproduisait dans une série de peintures dues à Coypel,
les principaux sujets de l'*Énéide*. Ces deux galeries
furent postérieurement converties en petits appartements dans lesquels le Régent avait rassemblé une
admirable collection de tableaux anciens, qui a malheureusement quitté la France quelques années avant
la Révolution. Les modifications du dix-huitième siècle
et celles de Louis-Philippe ont en partie disparu lors

de la restauration entreprise par le second Empire pour l'installation de l'ancien roi de Westphalie, Jérôme Bonaparte. L'incendie qui est venu dévaster plusieurs des salles de ce palais, en 1871, a entraîné encore de nouvelles réparations. On y a installé alors les services du conseil d'État et de la Cour des comptes qui l'occu-

LE PALAIS-ROYAL (XVIIIᵉ SIÈCLE)

pent actuellement. Le seul reste de la décoration du dix-huitième siècle qui subsiste est le grand escalier surmonté d'une coupole, dont le double degré est garni d'une superbe rampe en fer estampé et en cuivre ciselé par Corbin. Des lampadaires de plomb soutenus par des enfants modelés par de Fernex complètent ce charmant spécimen de serrurerie. Quelques salons situés sur la cour des Fontaines sont encore revêtus des boiseries qu'ils avaient reçues sous les derniers princes d'Orléans.

Le palais était accompagné d'un vaste jardin qui s'étendait au delà de l'enceinte de Charles V, supprimée sous le règne de Louis XIII. Pendant longtemps ce vaste enclos était resté ouvert au public qui jouissait librement de ses allées de marronniers, et une bordure de propriétés particulières y avait été construite. Le duc Philippe d'Orléans résolut de faire élever autour de ce jardin une galerie dont les arcades uniformes seraient occupées par des boutiques élégantes et par des particuliers. Malgré les réclamations des propriétaires dépossédés de l'usage du jardin, l'architecte Louis fut chargé de l'exécution des travaux qui marchèrent rapidement, et qui font honneur à son goût de composition. Les trois côtés de cet immense rectangle soutenus par des pilastres cannelés furent adoptés par la mode, et les galeries du Palais-Royal devinrent le centre de tous les plaisirs parisiens. Une quatrième façade devait compléter cet ensemble du côté du palais, mais elle resta à l'état de projet et sur son emplacement s'élevèrent des galeries provisoires en bois qui devinrent célèbres sous le nom du camp des Tartares. Le roi Louis-Philippe les remplaça par la belle galerie vitrée d'Orléans. Depuis la suppression des maisons de jeu et le nettoyage moral de ses galeries, le Palais-Royal a été peu à peu abandonné au bénéfice des boulevards. La circulation y est toujours active, mais ce n'est plus un lieu de plaisir. Les grands cafés et les restaurants qui avaient contribué à étendre sa réputation européenne ont disparu successivement et ont été remplacés par des magasins de bijouterie ou d'articles de fantaisie et par des restaurants à prix fixe. Le jardin a reçu de nombreuses décorations sans en rencontrer une qui fût définitive. Ce qui semble être préférable, c'est de le laisser dans la plus large mesure possible à la disposition du public nombreux qui le fréquente.

Le cardinal de Richelieu avait joint à son palais un vaste théâtre où l'on représentait les pièces de Corneille et des poètes tragiques du dix-septième siècle. Cette salle fut concédée temporairement à Molière; mais, après sa mort, Lulli obtint d'y installer l'Opéra. Les divers successeurs de Lulli l'occupèrent jusqu'en 1763, époque où elle fut détruite par un incendie qui atteignit quelques dépendances du Palais-Royal et entraîna la reconstruction de sa façade par Moreau. Cet architecte avait réédifié sur un plan plus grandiose une salle qui fut de nouveau brûlée en 1781. Elle était située à la droite du palais, sur la rue Saint-Honoré. A la suite de cet incendie, l'Opéra fut transporté sur le boulevard Saint-Martin, dans une salle nouvelle construite en soixante-quinze jours par Lenoir et où fut ensuite placé le théâtre de la Porte-Saint-Martin.

Le duc d'Orléans résolut alors de faire édifier une

nouvelle salle à la gauche de son palais, et en bordure
de la rue de Richelieu. Les travaux en furent dirigés
par l'architecte Louis, auquel on doit l'admirable
théâtre de Bordeaux. Il sut harmoniser le style de
cette salle avec celui des galeries du jardin, et il résolut le problème difficile de trouver tous les aménagements d'un grand théâtre dans un espace restreint. Ce
théâtre est occupé depuis la fin du dix-huitième siècle
par la Comédie-Française. Il a été doté récemment
d'une nouvelle façade et d'un escalier de dégagement
sur la place qui longe la rue Saint-Honoré. Les foyers
et la galerie qui y aboutit contiennent une collection
très intéressante de portraits d'acteurs célèbres et
d'auteurs dramatiques, parmi lesquels on admire la
statue de Voltaire par Houdon. La Comédie-Française
possède un riche dépôt de documents historiques
relatifs à l'art dramatique, et la série de ses archives
remonte au dix-septième siècle.

Afin de suppléer à l'insuffisance des salles de l'Hôtel-Dieu, Henri IV fit commencer en 1607 la construction du vaste hôpital de Saint-Louis, situé entre le
faubourg Saint-Martin et le faubourg Saint-Denis. Les
bâtiments terminés sous le règne de Louis XIII ont été
dessinés dans le style de l'architecture du dix-septième
siècle, mais ils ont subi de nombreuses réparations
qui ont dénaturé leur caractère. Le roi Louis XIII avait
fait également approprier les ruines du vaste château
de Bicêtre situé en dehors de Paris, près de Villejuif,

afin d'y établir une maison destinée aux soldats invalides, mais Louis XIV destina cette maison à renfermer les mendiants vagabonds et la réunit à l'Hôtel-Dieu de Paris. Le vieux château de Bicêtre avait été construit au treizième siècle par le cardinal de Winchester, dont le nom avait été converti par le peuple en celui de Bicêtre. Plus tard il tomba en la possession du duc Jean de Berry qui le restaura magnifiquement et y rassembla des trésors artistiques. Durant les guerres civiles qui suivirent la démence de Charles VI, le château de Bicêtre devint une des places des Armagnacs, et le boucher Legoix, sorti à la tête des bandes

THÉATRE FRANÇAIS
(Fin du xviiie siècle

parisiennes, le démolit après l'avoir pillé. Le duc de Berry ne fit pas reconstruire ces murailles démantelées, et il les légua au chapitre de Notre-Dame qui les conserva à l'état de ruines jusqu'à l'instant de leur appropriation nouvelle. Bicêtre est aujourd'hui un hospice où l'on reçoit les vieillards indigents et aliénés.

Le cardinal de Richelieu avait doté la maison professe des Jésuites d'une grande église bâtie sur les dessins du Père François Derrand. La façade principale, avec ses ordres superposés en dépit de toutes les règles de la construction, est l'un des premiers modèles que l'on ait vus à Paris de ce style nouveau, intronisé par les Jésuites, qui, après avoir perverti le goût italien, devait amener la destruction et la défiguration de tant de monuments religieux en France. Malgré ces critiques, il faut reconnaître que certains détails de l'édifice ne sont pas dépourvus de mérite, surtout à l'intérieur. L'église a perdu les riches ornements que Richelieu lui avait donnés et les reliquaires d'orfèvrerie dans lesquels étaient renfermés les cœurs des rois Louis XIII et Louis XIV, et qui avaient été fondus sur les modèles de Sarrazin et de Nicolas Coustou. Elle ne possède plus le grand monument funéraire de Henri, prince de Condé, modelé par Sarrazin et jeté en bronze par Perlan, qui décore actuellement la nouvelle chapelle du château de Chantilly. Saint-Paul a reçu, depuis la suppression du musée des Monuments français, deux chefs-d'œuvre de Germain Pilon, représentant une Vierge assise et une figure de Christ qui étaient autrefois placés dans la salle des Antiques, au Louvre. On y remarque également des toiles intéressantes de Ninet de Lestain et d'Eugène Delacroix.

Vers la même époque, la reine Marie de Médicis

résolut de se faire construire une demeure particulière, comme l'avait fait Catherine de Médicis. Dans ce but elle acheta, en dehors de l'enceinte et près du couvent des Chartreux, l'hôtel de Luxembourg auquel elle joignit une série d'acquisitions moins importantes. Salomon de Brosses, l'auteur de la grande salle du Palais et de l'aqueduc d'Arcueil, fut chargé de bâtir sur cet emplacement un palais rappelant les dispositions et l'aspect du palais Pitti, où la reine était née. Cinq années (1615-1620) suffirent à de Brosses pour s'acquitter de cette tâche et pour créer un monument bien supérieur au modèle qui lui avait été donné. Le palais du Luxembourg, construit dans le style toscan, et orné de pilastres coupés à bossages, est le plus régulier de Paris, et c'est le seul qui nous soit parvenu sans modification extérieure ; l'adjonction de deux pavillons supplémentaires et d'une façade nouvelle sur le jardin ayant été faite pendant le gouvernement de Juillet, en reproduisant scrupuleusement l'architecture de de Brosses, afin de doubler la profondeur du monument.

Marie de Médicis ne put jouir longtemps de cette habitation, par suite de son antagonisme avec Richelieu. Après elle, le palais fut donné en apanage à son fils, Gaston d'Orléans. Il devint ensuite la demeure de la reine d'Espagne et du comte de Provence, frère de Louis XVI. Sous la Révolution, le Luxembourg fut transformé en prison, et plus tard le

Directoire s'y installa. A partir de ce moment, il suivit les fluctuations de nos changements de gouvernement et il servit successivement de siège à la Chambre des pairs et au Sénat. La salle actuelle des séances, avec son escalier monumental, ses galeries ornées de bustes d'hommes politiques, et sa bibliothèque dont la coupole a été peinte par Eugène Delacroix, date de l'époque du gouvernement de Juillet. La nouvelle galerie des Pas-Perdus a été décorée sous le second Empire.

On ne trouve rien, dans l'intérieur du palais, qui rappelle le séjour de Marie de Médicis. Quelques panneaux en bois sculpté et des caissons décorés de peintures, seuls débris

PALAIS DU LUXEMBOURG
(xviie siècle)

de l'ancienne décoration, ont été réunis dans une salle du rez-de-chaussée, qui porte le nom de salle du livre d'or. C'était là qu'étaient déposés les titres des anciens pairs de France. Rubens avait peint l'histoire de la reine Marie de Médicis dans une série de grandes toiles qui décoraient la galerie

PALAIS DU LUXEMBOURG — FAÇADE SUR LE JARDIN
(xviiᵉ siècle)

du premier étage, qu'a remplacée plus tard un grand escalier. Ces tableaux, l'œuvre la plus considérable du peintre, font maintenant partie du musée du Louvre. La reine avait commandé au même artiste une seconde série de tableaux retraçant l'histoire de Henri IV, et destinés à la galerie parallèle située sur le côté gauche de la cour. L'exil ne lui permit pas de mener ce projet à terme, et les esquisses restèrent dans l'atelier de Rubens. L'un des élèves du maître, Jordaens, a peint dans les caissons du plafond de cette seconde galerie, les signes du Zodiaque que l'on y voit encore.

Pendant longtemps, les salles du Luxembourg servirent à l'exposition des tableaux de l'école française moderne, acquis par l'État à la suite des Expositions annuelles. Ce Musée formait une sorte de stage, où séjournaient ces ouvrages, en attendant que la mort de leurs auteurs permît de les envoyer au musée du Louvre fermé aux célébrités vivantes. C'est dans les salles du Luxembourg, que l'on a pu admirer d'abord les grandes toiles de David, de Gros, de Géricault, d'Ingres et de Delacroix, qui figurent maintenant dans la salle des Sept cheminées et dans la nouvelle galerie de l'École française au Louvre. Des plaintes nombreuses s'élevaient sur l'insuffisance et sur le mauvais éclairage des salles de ce musée, mais aucun des projets présentés pour sa reconstruction n'avait été adopté. Le Sénat actuel vient de trancher la difficulté en réclamant l'usage de ces salles pour le service de ses commissions, et en faisant approprier l'ancienne orangerie du Luxembourg afin d'y placer les tableaux du musée. Bien que ne répondant pas à toutes les conditions que réclame ce genre d'édifice, le nouveau musée du Luxembourg offre de nombreux avantages sur la disposition défectueuse des anciennes galeries. On y accède par une porte ouverte sur la rue de Vaugirard : un grand vestibule éclairé par un vitrage horizontal renferme la collection des sculptures, le principal titre d'honneur de l'école française moderne. A la suite s'étendent d'autres salons consacrés à la peinture; ils sont terminés par plusieurs pièces moins étendues dans lesquelles sont exposés les dessins et les gravures.

Au temps de la faveur de Richelieu auprès de Marie de Médicis, la reine avait fait commencer pour lui un hôtel qui prit le nom de Petit-Luxembourg. Après la mort du cardinal, l'hôtel appartint à sa nièce, la duchesse d'Aiguillon, et plus tard à la maison de Condé. La princesse douairière, Anne de Bavière, y fit exécuter d'importants travaux de décoration intérieure sur les dessins de l'architecte Boffrand. Plusieurs salons conservent des boiseries sculptées d'une charmante composition qui datent de cette époque. Le Petit-Luxembourg a suivi, depuis la Révolution, la destination officielle du palais avoisinant, et il fut affecté à la résidence successive des présidents de la Chambre des pairs et du Sénat. Il est actuellement occupé par le président du Sénat.

Le jardin du Luxembourg, dessiné à la française, présente un aspect régulier. Les parterres qui accompagnent le château sont entourés d'une terrasse à balustre, qui permet d'en apercevoir toutes les dispositions. Une ceinture circulaire de grands arbres plantée en arrière des terrasses forme un gracieux contraste avec la partie découverte des plates-bandes. A l'extrémité gauche de l'allée qui règne le long du château, s'élève un remarquable morceau d'architecture appelé la Grotte, dont on a souvent attribué la construction au peintre Rubens, bien qu'il soit plus probablement dû à de Brosses. Ce monument d'ordre toscan est soutenu par quatre colonnes rustiques chargées de congélations. L'entrecolonnement du milieu est occupé par une niche à laquelle un attique couronné d'un fronton circulaire sert d'amortissement. Le milieu de cet attique porte un écusson aux armes accolées de France et de Médicis. Les deux autres entrecolonnements sont également percés de niches plus étroites. On a remplacé récemment dans ces niches un groupe de Polyphème et deux autres statues pour remplacer celles qui en avaient été enlevées.

Lors de la suppression des maisons religieuses, on réunit au jardin du Luxembourg le vaste enclos du couvent des Chartreux qui vint doubler la superficie ouverte au public. On établit alors, en contre-bas, une pépinière dont les anciens habitants du quartier se rappellent avec regret les allées ombreuses. Dans la partie gauche, longeant la rue d'Enfer, était placé un jardin botanique. Enfin, une longue avenue, plantée dans l'axe du pavillon central du palais, conduisait à l'Observatoire. Le percement du boulevard Saint-Michel et de la rue de Médicis a bouleversé toutes les dispositions du jardin à l'exception des parterres. En même temps que son circuit était isolé au moyen d'une grille continue, depuis la rue de Vaugirard jusqu'au boulevard Saint-Michel, on en retranchait presque tous les terrains provenant des anciens Chartreux. Ce vaste emplacement était destiné à être aliéné, et on y a construit la nouvelle école de pharmacie avec d'autres établissements scientifiques. L'avenue de l'Observatoire a été élargie et transformée en squares ornés de colonnes et de statues, à l'extrémité desquels se trouve une fontaine monumentale, dont le groupe principal, représentant les quatre parties du monde, a été modelé par Carpeaux. Toutes ces richesses décoratives ont été achetées aux dépens de l'espace et de la fraîcheur de l'ancien jardin, qui manquent aujourd'hui aux allées nouvelles.

La maison des Chartreux, qui disparut à la Révolution, avait été fondée par saint Louis, dans un logis que l'on appelait l'hôtel de Vauvert. L'entrée était située dans la rue d'Enfer. Un grand bâtiment servant de dépendance au palais du Luxembourg est un reste

de l'ancien couvent. L'église assez étendue, et divisée
en deux nefs par une série de piliers centraux, renfermait de nombreux tombeaux en bronze et en cuivre
émaillé. Les figures en marbre de Pierre de Navarre et
de sa femme Catherine d'Alençon, qui étaient placées
dans la sacristie, ont trouvé un asile dans le musée
du Louvre. Le petit cloître avait été décoré d'une suite
de tableaux peints par Eustache Lesueur, et représentant la vie de saint Bruno. Ces chefs-d'œuvre de l'école
française, que leur exposition à l'air menaçait de la
destruction, ont été offerts au roi Louis XVI et font
aujourd'hui partie des galeries du Louvre. Pour conserver le souvenir de ce travail artistique, on a élevé
dans le jardin du Luxembourg une statue de marbre
en l'honneur d'Eustache Lesueur. Avant d'occuper sa
place actuelle, on a vu longtemps cette figure auprès
d'un gracieux pavillon du dix-septième siècle, aujour-
d'hui démoli, qui servait de puits dans l'enclos des
Chartreux.

La reine Marie de Médicis avait fait construire auprès du Petit-Luxembourg le monastère des Dames
du Calvaire, et elle avait commandé à Philippe de
Champaigne la décoration de la chapelle. La façade
de ce couvent est un excellent spécimen de l'architecture française du dix-septième siècle, et elle a été
récemment l'objet d'une restauration qui lui a rendu
son aspect primitif. La chapelle sert aujourd'hui de
magasin ; le cloître intérieur a été recouvert d'un dôme

de verre et transformé en jardin d'hiver communiquant avec les appartements particuliers du président du Sénat. Les piliers de cet ancien cloître encadrés de larges feuillages tropicaux produisent un effet charmant lors des réceptions officielles.

Marie de Médicis avait également posé la première pierre du couvent des Carmes déchaussés, situé rue de Vaugirard, dans le voisinage du Luxembourg. L'église, commencée en 1613, a été achevée en 1620. Plusieurs chapelles et le grand retable de l'autel sont décorés dans le style lourd du règne de Louis XIII. Au-dessus du transept, s'élève un dôme, l'un des premiers que l'on ait construits à Paris. Il a été décoré, par le flamand Barthollet Flamael, de fresques représentant le prophète Elie enlevé au ciel dans un char de feu. Ce couvent et son cloître sont conservés dans leurs parties principales. On a érigé dans le jardin un monument destiné à rappeler le souvenir des prêtres qui y ont été massacrés les 2 et 3 septembre 1792. Les bâtiments des Carmes sont occupés aujourd'hui par l'Université catholique de Paris.

Plusieurs hôtels particuliers datent de l'époque de transition qui sépare la Renaissance de l'architecture du dix-septième siècle. Le plus important est l'hôtel construit par Maximilien de Béthune, duc de Sully, ministre de Henri IV, et qui est connu sous le nom d'hôtel de Béthune. Il a été bâti par du Cerceau, sur une partie des terrains occupés par l'ancien hôtel des

Tournelles. La demeure de Sully, située rue Saint-Antoine, est intacte dans ses parties principales, mais le rez-de-chaussée des pavillons de la façade et le portail d'entrée sont défigurés par des magasins modernes. Seule la cour intérieure offre son aspect original avec ses fenêtres entourées de cordons en pierre blanche, et ses niches ornées de statues d'un style tourmenté. La décoration intérieure a été complètement renouvelée. Non loin de là, dans la même rue, existe un autre hôtel édifié par le duc de Mayenne et appelé l'hôtel d'Ormesson, qui est également l'œuvre de du Cerceau. La disposition en est moins régulière que celle de l'hôtel de Sully, et les appartements ont été postérieurement refaits sur les dessins de l'architecte Boffrand. Quelques-unes des pièces conservent des traces de cette dernière décoration. Après avoir servi longtemps d'asile à une pension universitaire, l'hôtel d'Ormesson est actuellement occupé par une école libre. Nous devrions rattacher à ces deux monuments l'édifice qui s'élève sur le quai des Célestins, et dont le pavillon élevé domine le cours de la rivière, si la bizarrerie de son architecture ne lui créait pas une place toute spéciale. C'était jadis la demeure de Fieubet, surintendant des finances, qui la laissa incomplète. Elle fut acquise, dans ces dernières années, par M. La Valette, qui, au lieu de se borner à en faire la restauration, suréleva les murailles et les surmonta de pavillons colossaux qui sont restés inachevés. Cette double ruine a été appropriée récemment pour servir d'école libre.

On trouve dans la rue Geoffroy-l'Asnier un grand hôtel, dont l'appareil en brique et en pierre porte le style du dix-septième siècle. La façade principale élevée au-dessus d'un perron à double rampe est ornée de pilastres et de mascarons ; au-dessus des fenêtres sont sculptés les monogrammes des familles de Châlons et de Luxembourg.

A l'exemple de Richelieu, le cardinal Mazarin, lorsqu'il fut devenu premier ministre, songea à se créer une somptueuse résidence. La cour habitant alors le Palais Royal, le cardinal fit choix d'un emplacement, situé à peu de distance et qui était compris entre les rues de Richelieu et Vivienne. Il acquit d'abord l'hôtel du président Tubeuf, bâti par l'architecte Lemuet, dans la rue Neuve-des-Petits-Champs, au coin de la rue Vivienne. Il fit ajouter par François Mansart, à cette première demeure, une grande galerie et une longue suite de bâtiments, s'étendant sur la rue de Richelieu. Le rez-de-chaussée de la galerie fut consacré à la collection de statues antiques, qu'il avait acquises en Italie et dont la majeure partie est passée au Louvre ; dans l'étage supérieur étaient exposés les tableaux peints par les grands maîtres italiens, les objets précieux et les raretés de toute sorte que le ministre avait rassemblés. Le rez-de-chaussée du corps de logis longeant la rue de Richelieu était occupé par les écuries du cardinal ; au-dessus se trouvaient la chapelle et la bibliothèque, composée avec un goût exquis par le savant Gabriel Naudé, pour être ouverte au public. Tous ces bâtiments formaient un vaste parallélogramme régulier, conservé dans sa disposition primitive, jusqu'à l'époque de la reconstruction partielle de la Bibliothèque nationale. La cour de l'ancien hôtel Tubeuf et la galerie s'étendant sur la rue Vivienne sont les plus importants modèles qui nous soient parvenus des anciennes habitations françaises, si bien appropriées à l'élégance et à la politesse de la société raffinée du dix-septième siècle.

Après la mort du cardinal, son palais fut divisé en deux parties ; celle qui était située sur la rue des Petits-Champs échut au duc de la Meilleraye, devenu duc de Mazarin ; la seconde donnée au marquis de Mancini, duc de Nevers, prit le nom d'hôtel de Nevers. Le Régent acquit ce dernier édifice pour y mettre la banque, mais après la chute du système de Law et de la Compagnie des Indes, il affecta l'hôtel de Nevers à l'installation de la bibliothèque royale. Peu de temps après, l'hôtel Mazarin, également acquis par le roi, fut destiné à augmenter les nouvelles galeries de cet établissement. Une partie du rez-de-chaussée resta cependant affectée au service du Trésor public, jusqu'à la construction du Ministère des Finances dans la rue de Rivoli, qui eut lieu sous le premier Empire. On

adjoignit au corps de logis de la rue de Richelieu un
salon destiné à renfermer le cabinet des médailles,
que Louis XIV avait fait placer dans ses appartements
de Versailles et qui fut rapporté à Paris sous le règne
de son successeur. Ce nouveau salon fut disposé au-
dessus d'une large arcade, sous laquelle passait la rue
Colbert. Il joignait la bibliothèque à l'hôtel de Lambert
qui servit depuis de demeure aux gardes des médailles.

Les bâtiments de la bibliothèque traversèrent la
Révolution et les premières années de notre siècle,
sans subir d'autre modification que la suppression
d'une galerie provisoire, élevée sur la rue Vivienne
et où se tenait l'ancienne Bourse. On établit sur cet
emplacement un jardin le long duquel se développe la
façade principale du palais de Mazarin. L'architecte
Labrouste fut chargé sous le deuxième Empire de reconstruire entièrement la façade donnant sur la rue
de Richelieu. Il remplaça la longue muraille noire
qu'avait laissée le cardinal, par une série de fenêtres
surmontées de frontons dans le style antique, mais ses
modifications furent moins heureuses à l'intérieur.
Il sacrifia sans nécessité apparente la majeure partie
des bâtiments de la cour, pour leur en substituer
d'autres, presque identiques, mais d'un style plus
classique. Les exigences du service des travailleurs
croissant chaque jour nécessitaient l'ouverture d'une
nouvelle salle de lecture, que M. Labrouste créa en

retranchant une partie du terrain de l'ancienne cour et en démolissant plusieurs maisons de la rue Neuve-des-Petits-Champs, qui étaient affectées aux logements des conservateurs de la bibliothèque. Il adjoignit une immense salle de dépôt pour les imprimés, destinée à faciliter les communications. La nouvelle salle de lecture se compose de neuf coupoles, éclairées par le haut et reposant sur deux rangées de colonnes de fonte, qui la divisent en trois nefs. Tous ces aménagements sont calculés pour répondre aux besoins et pour favoriser les recherches des érudits. On y accède par un vestibule décoré de bas-reliefs, dont il est difficile à première vue de déterminer le style indécis. Malgré leur utilité incontestable, tous les amateurs qui s'intéressent à l'histoire de l'art français regrettent que ces travaux aient amené la disparition de deux chefs-d'œuvre d'ordre décoratif. L'un est la rampe du grand escalier de l'hôtel Mazarin qui, vendue comme vieux fer par l'architecte de la Bibliothèque, a été depuis rachetée à un prix considérable, par sir Richard Wallace, et placée au milieu des merveilles artistiques de sa résidence d'Hertford-House à Londres. Le second est le superbe salon du cabinet des Médailles, construit et décoré par Robert de Cotte, au-dessus de l'arcade Colbert, et sur les boiseries duquel s'était exercé le talent des meilleurs ornemanistes du règne de Louis XV. La décoration était complétée par quatre dessus de porte peints par Boucher, par six trumeaux placés entre les fenêtres et dus à Natoire et Carle Vanloo, et par deux grands portraits de Louis XIV et de Louis XV. Aujourd'hui cet admirable ensemble est dispersé sans retour. La majeure partie des boiseries a été vendue à des particuliers ; un seul des petits côtés de la salle était

BIBLIOTHÈQUE NATIONALE (ANCIEN PALAIS MAZARIN)
(xviie siècle)

resté en place lors de la démolition ; les peintures sont déposées à la Bibliothèque, après avoir été arrachées de leurs bordures, et enfin les consoles de bois doré et sculpté, qui supportaient les armoires, ont suivi le cabinet des Médailles dans la nouvelle galerie où il est installé. Le nouvel architecte de la Bibliothèque a réparé ces actes de vandalisme dans la mesure du possible, en remontant dans une des pièces du rez-de-chaussée ce qui restait des boiseries du cabinet des Médailles avec les tableaux qui les accompagnaient. Il a également remis en place, dans la nouvelle galerie des Manuscrits, les armoires en bois qui avaient été sculptées pour la décoration des anciennes salles, lors de leur appropriation sous le règne de Louis XV.

Il y a quelques années, le Parlement, effrayé par les dangers d'incendie que présentaient les maisons voisines de la Bibliothèque, a accordé les fonds nécessaires pour que le monument fût isolé complètement sur ses quatre côtés. Aucun projet n'a encore été adopté pour l'utilisation de ce vaste espace, destiné à contenir les richesses nouvelles qui viennent chaque année s'accumuler sur les rayons de la Bibliothèque.

La Bibliothèque nationale, le plus important dépôt littéraire qui ait jamais été réuni, possède des richesses incalculables. Les rois saint Louis et Charles V avaient les premiers rassemblé de précieuses collections, dispersées à leur mort. Louis XII peut être considéré comme le premier fondateur de la Bibliothèque, parce qu'il réunit à la collection formée par les princes d'Orléans celle des ducs de Milan, et aussi les livres ayant appartenu aux rois Aragonais de Naples. François Ier la fit transporter du château de Blois à celui de Fontainebleau et y réunit la bibliothèque des

comtes d'Angoulême, ainsi qu'un nombre considérable
de manuscrits grecs. Henri IV la fit venir à Paris, où
elle fut installée dans le collège de Clermont, et postérieurement dans une maison de la rue de la Harpe.
Ce monarque y fit déposer une belle collection de
manuscrits grecs, qui se trouvait dans la succession
de Catherine de Médicis et avait auparavant appartenu
au maréchal Strozzi. Louis XIV conçut d'abord le
projet de placer cette bibliothèque dans le palais du
Louvre, qu'il voulait terminer, et ensuite dans un des
bâtiments de la place que Louvois faisait construire
sur l'emplacement de l'hôtel Vendôme. En attendant
l'exécution de ces projets, dont aucun ne devait aboutir, la bibliothèque fut déposée à l'hôtel de Colbert,
rue Vivienne. Elle fut placée sous la direction successive de Colbert et de Louvois, qui employèrent tous
leurs soins à augmenter ses différents fonds. Ils surent
mettre à profit les relations actives que la France en-
tretenait dans les pays du Levant, pour acquérir de
nombreux manuscrits orientaux. En même temps qu'il
dirigeait la bibliothèque du roi, le ministre Colbert
avait rassemblé une collection incomparable de manuscrits, qui vint après sa mort s'ajouter aux richesses
de l'établissement royal. La durée des règnes de
Louis XV et de Louis XVI fut signalée par une suite
incessante d'acquisitions et d'accroissements de tout
genre. L'époque révolutionnaire fut encore plus fruc-
tueuse, et les conservateurs de la Bibliothèque puisèrent,

dans les dépôts provisoires où étaient entassés les livres provenant des maisons religieuses ou des hôtels des émigrés, un nombre infini de volumes, qui doublèrent le nombre total de ceux que la Bibliothèque possédait. On y avait apporté sous le premier Empire les livres et les manuscrits les plus précieux, enlevés dans les pays conquis; ils ont été rendus en 1815. Depuis cette époque la Bibliothèque n'a cessé d'augmenter ses séries, mais le temps n'est plus où l'on puisse retrouver des collections semblables à celles de Gaignières, des frères Dupuy, de Béthune, de Clérambault, de Marolles et Pellerin, qui sont entrées dans la Bibliothèque avec d'autres recueils rassemblés par les savants du siècle dernier. La Bibliothèque nationale compte actuellement 2,500,000 volumes imprimés; le nombre des manuscrits s'élève à près de 100,000 volumes; celui des estampes à environ 2,500,000 pièces, et le cabinet des Médailles compte près de 160,000 médailles et monnaies.

Les Imprimés remplissent la majeure partie de l'espace des vastes bâtiments de la Bibliothèque. Ils garnissent les rayons de la salle du rez-de-chaussée, réservée aux travailleurs, et ceux de l'immense hall qui communique avec elle. Les plus précieux, dont le total atteint le chiffre de 50,000, sont placés dans une pièce réservée. Une salle supplémentaire, garnie des livres usuels et ouvrant sur la rue Colbert, est ouverte aux lecteurs, sans qu'ils aient besoin d'une autorisation particulière. Les manuscrits, qui réclament une surface moins étendue, ont été installés récemment dans les salles du premier étage situé au fond de la cour, et on a mis à la disposition du public une galerie décorée avec un goût parfait, dans le style du dix-huitième siècle. Les raretés les plus précieuses parmi les imprimés et les manuscrits sont exposées dans la longue galerie de la rue Vivienne, où le cardinal Mazarin avait disposé sa collection de tableaux et d'antiques. Cette pièce a été restaurée récemment; elle est surmontée d'un grand plafond, peint par Romanelli. Dans l'embrasure des fenêtres et dans les niches circulaires qui y font face, on voit des paysages dus au peintre Grimaldi de Bologne. Les murs sont revêtus d'une décoration, dont le principal sujet représente les faisceaux de Mazarin. Le rez-de chaussée de cette galerie est occupé par la salle publique du cabinet des Estampes. Ce département doit être prochainement transporté dans le premier étage de l'ancien hôtel Tubeuf, affecté auparavant au cabinet des Manuscrits, et dont une partie du plafond est ornée d'une remarquable composition de Vouet. Le cabinet des Médailles et des Antiques occupe le premier étage de la façade, donnant sur la rue Vivienne. Plusieurs salles particulières sont consacrées aux collections de Luynes, de Janzé et Oppermann, dont les donations sont récemment venues augmenter les séries d'objets antiques. Des vitrines spéciales renferment les pierres gravées, dont quelques-unes sont des chefs-d'œuvre de l'art gréco-romain.

La ville de Paris possédait à l'extrémité du quai des Célestins des hangars que l'on appelait les Granges de l'Artillerie. Le roi François Ier, ayant eu besoin de faire fondre une grande quantité de pièces de canon, demanda à la ville de lui prêter cet arsenal. Le prêt fut converti en donation définitive sous le règne de Henri II, qui y fit élever deux grandes halles pour les fourneaux. Henri IV agrandit considérablement ce dépôt; il y fit planter un jardin et établir un mail le long de la Seine. C'est en allant visiter dans cet enclos, Sully, grand maître de l'artillerie, qu'il fut assassiné. Les bâtiments qui regardent le fleuve furent reconstruits en partie dans les premières années du dix-huitième siècle. L'Arsenal était divisé en grand et petit Arsenal; le grand renfermait cinq cours, et le petit n'en comptait que deux. Toutes ces cours communiquaient entre elles; celles du petit Arsenal aboutissaient à la porte d'entrée du château de la Bastille, dans le voisinage des magasins d'armes qui y étaient conservées. Les grands appartements furent habités, sous Louis XVI, par le comte de Paulmy, ministre d'État et gouverneur de l'Arsenal, qui y avait réuni la plus riche bibliothèque de Paris, après celle du roi. Elle comprenait plus de cent mille volumes imprimés et de dix mille manuscrits. Le marquis de Paulmy avait acquis en bloc la majeure partie de la bibliothèque du duc de la Vallière. Cette collection fut achetée par le comte d'Artois, frère de Louis XVI, qui en laissa l'usufruit à son premier propriétaire. Elle devint publique sous la Révolution et, lors de sa rentrée en France, le prince confirma cette destination. La bibliothèque de l'Arsenal est encore la seconde de Paris par le nombre et l'importance de ses volumes, dont le total s'élève à environ trois cent mille.

Les bâtiments de l'Arsenal ont été détruits, à l'exception des appartements du gouverneur qui sont occupés par la Bibliothèque. L'une des pièces a conservé sa décoration peinte datant de la grande maîtrise de Sully, mais la majeure partie des salles occupées par les volumes sont revêtues de boiseries sculptées sous le règne de Louis XV. La salle de lecture des manuscrits offre une suite de panneaux qui sont l'un des meilleurs spécimens que l'on connaisse de la sculpture d'ornement.

A peu de distance de l'Arsenal était situé le couvent des Célestins, fondé par le roi Charles V et richement doté par le duc d'Orléans, frère de Charles VI. Ce prince y établit sa sépulture, dans la chapelle d'Orléans, qui devint le Saint-Denis de la branche cadette des premiers Valois. On y remarquait le tombeau de Louis d'Orléans, de Valentine de Milan et de leurs enfants; le monument funéraire du duc de Longueville, la colonne funéraire du connétable de Montmorency, le groupe des trois Grâces, par Germain Pilon,

contenant le cœur de Henri II ; une colonne érigée en
l'honneur de François II et de Charles IX, le tombeau
de Timoléon de Cossé, par Le Hongre ; celui de l'ami-
ral de Chabot, par Jean Cousin, et ceux du duc de
Gesvres, de Sébastien Zamet, du duc de la Trémoille
et de Charles Maigné. Ces précieux morceaux de sculpture ont été partagés, après 1815, entre la basilique
de Saint-Denis et le Musée du Louvre. Le cloître des
Célestins avait été commencé en 1589 par le maçon
Pierre Hannon ; il a été entièrement démoli, ainsi que
l'église. Un autre grand corps de bâtiment avait été
construit au dix-huitième siècle. Il en subsiste quelques
vestiges dans la caserne de la garde républicaine qui,
après avoir remplacé le couvent des Célestins, a été
elle-même profondément entamée par le passage du
boulevard Henri IV et doit être prochainement reconstruite.

On aperçoit dans l'une des cours du passage Saint-
Pierre, faisant communiquer la rue Saint-Antoine à la
rue Saint-Paul, quelques débris du charnier avec la
base du clocher de l'église Saint-Paul, paroisse des
rois de France, alors qu'ils habitaient l'hôtel Saint-
Paul et où plusieurs de leurs enfants avaient été baptisés.
Ce sont les seuls vestiges de cette église qui renfermait de riches tombeaux, notamment ceux de Quélus
et de Saint-Mégrin, favoris de Henri III, que Germain
Pilon avait sculptés et que le peuple mit en pièces
quelques mois avant la journée des Barricades. Les

vitraux de Saint-Paul étaient très renommés, et on y voyait le portrait le plus authentique que l'on connût de Jeanne d'Arc.

L'ancien Collège fondé en 1250 par Robert de Sorbon, en faveur des ecclésiastiques chargés d'enseigner la théologie, devint peu à peu l'un des principaux centres de l'Université de Paris, surtout à l'époque de l'introduction en France des doctrines nouvelles de la Réforme. Les docteurs professèrent pendant plusieurs siècles dans les bâtiments construits par leur fondateur, et les élèves de Gutenberg y avaient établi les premiers ateliers d'imprimerie qui aient fonctionné à Paris. Le cardinal de Richelieu étant devenu le proviseur de cette maison la fit rebâtir de fond en comble sur les plans de son architecte Jacques Lemercier. Les nouveaux bâtiments, dont le style sévère convenait bien à leur destination, se composaient d'une suite de pavillons à toits aigus, entourant une cour rectangulaire, dont les plans successifs étaient séparés par des degrés en pierre. Après avoir longtemps suffi aux études universitaires, cette enceinte ne répondait plus à l'extension des services de l'instruction secondaire, et la reconstruction en a été commencée à la suite d'un concours, dans lequel le projet de M. Nenot, architecte, a été adopté. Ce projet augmente considérablement l'étendue de la Sorbonne ancienne, dont il ne conserve que la chapelle. La principale façade, qui est actuellement en cours d'achèvement, est située sur la rue des Écoles. Lorsqu'elle sera terminée, on démolira les bâtiments de Richelieu et l'on continuera les travaux par la construction de l'aile qui doit se développer sur la rue Cujas. La chapelle a été exceptée de la démolition, en raison des mérites de son architecture. Elle a perdu les tableaux et les statues qui la décoraient à l'intérieur, mais elle a conservé le tombeau du cardinal de Richelieu, sculpté par Girardon. A l'extérieur on admire les belles proportions du portique septentrional et celles du dôme, l'une des meilleures imitations que l'on connaisse de la coupole de Saint-Pierre de Rome. On sait qu'après l'achèvement de la grande basilique romaine, tous les architectes voulurent, à leur tour, répéter le dôme de ce monument que l'on regardait comme une merveille. Paris n'échappa pas à la contagion, et la coupole de la Sorbonne est une des premières qui y aient été élevées. Sa composition fait honneur au talent de Lemercier, qui avait étudié les principes de son art à Rome. Le cardinal de Richelieu avait légué à la Sorbonne la belle bibliothèque qu'il avait formée et dont une partie provenait de celle de la ville de la Rochelle. Elle complétait l'ancienne collection de manuscrits et de livres mise à la disposition des écoliers depuis le moyen âge. Ce fonds a été réuni à la Bibliothèque nationale, à l'époque de la Révolution; mais, depuis sa création, l'Université a constitué une nouvelle collection qui n'a plus à envier à la première que son ancienne série de manuscrits. Elle possède une seconde bibliothèque, qui lui a été léguée par Victor Cousin et qui renferme une collection de gravures et d'autographes relatifs à l'histoire du dix-septième siècle, auquel ce philosophe avait voué un culte tout particulier.

Le temple protestant de la Visitation, situé dans la rue Saint-Antoine, appartient à la même époque de l'art. Il a été construit en 1632, par François Mansart, pour servir de chapelle au couvent des Filles de la Visitation-Sainte-Marie, fondé à Paris par Jeanne de Chantal, grand'mère de Mme de Sévigné. La coupole de cet édifice est soutenue par quatre arcs, entre lesquels sont disposés des pilastres corinthiens surmontés d'une corniche dans tout le pourtour. Cette chapelle a été achevée aux frais du commandeur de Sillery et du surintendant Fouquet, qui y fut enterré, après sa mort dans la citadelle de Pignerol. Les familles de Coulanges et de Sévigné y avaient également leur caveau funéraire, mais les restes de la marquise n'y furent pas transportés lorsqu'elle mourut au château de Grignan. Le monastère fut supprimé à l'époque de la Révolution, et sa chapelle fut postérieurement affectée au culte évangélique.

Deux églises paroissiales ont été également commencées sous le règne de Louis XIII. L'une portant le nom de Saint-Jean-Saint-François, rue Charlot, dépendait jadis de la maison conventuelle des Capucins du Marais, fondée en 1623, par le père Athanase Molé, frère du président Molé. L'architecture n'en présente aucun intérêt, mais on trouve dans le chœur deux belles statues de marbre, dont l'une par Germain Pilon représente saint François d'Assise agenouillé, et l'autre saint Denis, par Sarrazin. Cette dernière sculpture provient de l'abbaye des Dames de Montmartre. La seconde église est celle de Sainte-Élisabeth, située dans la rue du Temple. Elle servait de chapelle aux religieuses du Tiers Ordre de Saint-François, établies à Paris, par la reine Marie de Médicis, qui posa la première pierre de l'édifice. Cette paroisse a été dépouillée de ses ornements anciens, à l'exception d'une cuve baptismale en marbre datant du dix-septième siècle. On a encastré dans la boiserie circulaire qui ferme le chœur une série de panneaux sculptés provenant de l'abbaye de Saint-Waast, à Arras.

Marie de Médicis avait également contribué à l'édification du couvent des Carmélites de la rue Saint-Jacques. Elles devaient leur fondation au cardinal de Bérulle, qui les avait appelées d'Espagne en 1604. La tradition rapportait qu'elles avaient fait élever leur chapelle sur l'emplacement d'un caveau où se serait réfugié saint Denis avant son martyre. Il est présumable que la découverte de substructions antiques, faite à l'occasion des travaux de fondation, aura donné lieu à cette légende. On sait, du reste, que le cimetière gallo-romain du faubourg s'étendait jusque dans l'enclos des Carmélites. Cette maison religieuse con-

LE VAL-DE-GRACE (XVIIe SIÈCLE)

serva les faveurs royales pendant toute la durée du
dix-septième siècle, et elle acquit une grande célébrité
lorsque la duchesse de La Vallière, dédaignée et abreu-

vée de dégoûts, vint se réfugier dans son enceinte, où elle mourut en 1720, après trente-six années d'austérités. Philippe de Champaigne avait exécuté pour ce couvent un nombre considérable de tableaux, dont les meilleurs sont arrivés au musée du Louvre. On y voyait également le tombeau du cardinal de Bérulle, sculpté par Jacques Sarrazin. Après la Révolution, les Carmélites sont rentrées en possession de leur maison, dans laquelle elles ont relevé le cénotaphe de leur fondateur. Le dôme de la chapelle était décoré de remarquables peintures à fresques, par Philippe de Champaigne, dont la perspective avait été dessinée par Desargues. Il n'en subsiste aucune trace.

Le cardinal François de la Rochefoucauld avait fondé en 1637, dans la rue de Sèvres, un hospice destiné à recevoir les incurables. Tous les bâtiments de cette maison existent encore, mais elle a changé de destination. Primitivement elle avait été affectée seulement au traitement des femmes incurables ; mais, dans les dernières années de l'Empire, cet établissement fut transporté à Ivry, où il prit le nom d'hospice de Saint-Frambourg. Les bâtiments abandonnés de la rue de Sèvres devaient être démolis comme l'avaient été ceux de l'hospice voisin des Petites-Maisons, sur l'emplacement duquel a été ouvert le square avoisinant le grand magasin du Bon-Marché. Les travaux de démolition de l'Hôtel-Dieu, et l'insuffisance des hôpitaux pour recevoir le nombre sans cesse croissant des malades qui y sont traités, n'ont pas permis de donner suite à ce projet, et les Incurables sont devenus un établissement provisoire sous le titre d'hospice Laënnec. Le portail d'entrée et la cour intérieure décorée de pilastres sont construits dans le style un peu massif de Louis XIII. La façade de la chapelle, placée en regard de l'entrée et surmontée d'un clocher en ardoise, est un morceau d'architecture d'une élégante simplicité. L'intérieur est dépouillé de ses anciens ornements et du tombeau du cardinal de la Rochefoucauld par Philippe Buister, provenant de l'abbaye de Sainte-Geneviève, que l'administration des hospices y avait fait remonter après la dispersion du Musée des Petits-Augustins, et qui est actuellement dans la chapelle de la maison nouvelle de Saint-Frambourg.

Voulant remercier Dieu de lui avoir accordé un fils après vingt-deux ans de stérilité, la reine Anne d'Autriche résolut de construire une vaste abbaye en faveur des Bénédictines réformées. Ce couvent avait été installé primitivement auprès de Bièvre, dans une vallée nommée le Val-Profond. La reine fit venir ces religieuses à Paris, et les établit au faubourg Saint-Jacques, sur l'emplacement d'un fief appelé le Fief de Valois ou le Petit-Bourbon. Anne d'Autriche ne put mettre son vœu à exécution qu'en 1645, époque à laquelle le jeune roi Louis XIV posa la première pierre de l'édifice, mais les troubles de la Fronde entraînèrent la suppression des travaux, et ce fut ce dernier monarque qui, longtemps après, réalisa les intentions de sa mère. Le plan primitif avait été dressé par François Mansart. Il fut remplacé par Jacques Lemercier qui amena les murs de la chapelle jusqu'à la corniche. Les voûtes, les clochetons et le dôme furent continués par les architectes Pierre Lemuet et Gabriel Leduc. La cour présente une belle ordonnance demi-circulaire, séparée de la rue du Faubourg-Saint-Jacques par une longue grille. Des arcades parallèles donnent accès aux cours intérieures de l'édifice, environnées de cloîtres à piliers, aboutissant à de larges escaliers. Le portail de la chapelle, partie principale de l'édifice, a les dimensions d'une vaste église; il forme un portique à colonnes, élevé sur un perron de plusieurs degrés. Au-dessus est un dôme, construit sur le modèle de celui de Saint-Pierre, et dont les proportions colossales dominent le quartier voisin de la Bièvre. Avant la construction de la coupole du Panthéon, ce dôme était le plus élevé de Paris; c'est une œuvre d'architecture remarquable par l'élégance et la hardiesse de ses lignes. L'église intérieure a conservé sa décoration originale : les grilles en fer forgé qui séparent le chœur et les chapelles de la nef principale; un grand baldaquin de bronze soutenu par six colonnes torses en marbre, et enfin la mosaïque du pavé, disposée en compartiments de marbres de diverses couleurs. Seuls les autels ont perdu les tableaux et les sculptures qui les complétaient. Les pendentifs de la coupole sont revêtus de grands bas-reliefs sculptés par Michel Anguier. Au-dessus, s'étend la plus vaste composition qu'ait peut-être laissée l'école française. Cette immense fresque représente la reine Anne d'Autriche accompagnée de saint Louis, offrant à Dieu le modèle de l'église ; tout autour se déroule une longue théorie de saints adorant la Trinité. La coupole du Val-de-Grâce a été le principal titre de Mignard à la célébrité, et son ami Molière lui a dédié une épître dans laquelle il décrit cette œuvre. Dans l'intérieur du couvent, on remarque quelques pièces qui ont conservé leur ancien aspect, et l'un des oratoires est orné d'une fresque en cul-de-four par Jean-Baptiste de Champaigne. On y voyait autrefois une série de compositions peintes par son oncle Philippe de Champaigne ; elles font actuellement partie du Musée du Louvre. Anne d'Autriche y avait fait établir un caveau où étaient déposés les cœurs des princes et des princesses de la maison royale ; il a été violé à l'époque de la Révolution. Le Val-de-Grâce sert aujourd'hui d'hôpital militaire et, depuis 1871, l'École de médecine militaire y a été transportée de Strasbourg.

Un autre hospice occupe les bâtiments de l'abbaye de Port-Royal, dont le nom rappelle les querelles religieuses qui signalèrent les dernières années du règne de Louis XIV. Cette maison devait son origine à l'abbaye fondée en 1204, dans la vallée de

Chevreuse et qui portait le nom de Port-Royal des
Champs. Sous la direction de l'abbesse Angélique
Arnaud, ce monastère devenu trop étroit établit en
1626 une succursale à Paris, dans la rue de la Bourbe
au faubourg Saint-Jacques. Le roi, en 1669, les sépara
en deux abbayes indépendantes l'une de l'autre. La
maison de Port-Royal des Champs était surtout célèbre, c'est là que s'étaient retirés les Arnaud, les
Nicole et ces solitaires de Port-Royal, qui ont eu une
si grande influence sur notre littérature. Mais leurs
doctrines religieuses encoururent les censures ecclésiastiques, et l'établissement convaincu de soutenir
les opinions hérétiques de Jansénius fut fermé et rasé,
en même temps que ses biens étaient réunis à ceux
de la maison de Paris. Cette dernière abbaye devint
une prison sous la Révolution ; elle est occupée en ce
moment par une maison d'accouchement destinée aux
femmes pauvres. Une partie des bâtiments existe
encore, et sa charmante église, construite en 1646 par
l'architecte Lepautre, sert de chapelle à l'hospice. On
sait que Philippe de Champaigne avait noué d'étroites
relations avec les pensionnaires de Port-Royal ; lui-
même y fit plusieurs séjours, et l'une de ses filles y
avait pris le voile. Il avait consacré ses meilleures
toiles à représenter les miracles qui s'étaient opérés
dans la maison et à retracer les traits de la nombreuse
famille des Arnaud.

L'une des plus vastes églises de Paris, celle de

Saint-Roch, a été commencée sous la minorité de Louis XIV, en 1653, d'après les dessins de Jacques Lemercier ; mais elle n'a été terminée que dans le courant du dix-huitième siècle. La façade principale fut achevée par Robert de Cotte. Bien que n'offrant plus l'aspect religieux des monuments du moyen âge, les dispositions intérieures de l'église de Saint-Roch produisent un effet assez heureux par suite de l'harmonie de leurs lignes. Les chapelles du bas côté droit renferment plusieurs monuments funéraires qui constituent une sorte de musée de sculpture. Ce sont les tombeaux de Le Nôtre par Coyzevox, du cardinal Dubois par Nicolas Coustou, du comte d'Harcourt et du duc de Créquy. Le monument funéraire de Mignard y a été transporté, mais il n'a pas conservé sa forme originale, et le buste du peintre, par Desjardins, a été séparé de la statue représentant, agenouillée, la comtesse de Feuquières fille de Mignard, qui a été transformée en Madeleine et placée au pied d'un Christ sculpté par Anguier dans la chapelle du Calvaire.

Saint-Roch a conservé la majeure partie des peintures qui décoraient autrefois ses chapelles. Dans les bras du transept on y voit deux tableaux : *La peste des Ardents* par Doyen, et *Saint Denis prêchant les Gaules* par Vien, dont le style fait présager les réformes introduites par David dans l'art de la peinture. La coupole de la Vierge a été peinte par Pierre ;

elle est maintenant peu visible et ne justifie guère le succès qu'elle a obtenu au moment de son achèvement. Derrière la chapelle de la Vierge existait un terrain servant primitivement de cimetière, sur lequel on a élevé une grande chapelle où fut installé un calvaire monumental. Cette disposition théâtrale avait été confiée au peintre de Machy ; la sculpture était due à Falconnet, et l'architecture à Boulée. La plupart des ornements ayant été enlevés à la fin du dix-huitième siècle, on a dû renouveler les figures et les détails de cette grande machine qui n'a rien de religieux, en les empruntant à des monuments étrangers. La nef de l'église est encombrée par une énorme chaire soutenue par des figures colossales, dont les dessins ont été donnés par le sculpteur Challe. Rien de plus disgracieux que cet énorme appareil auquel conduit un charmant escalier en fer forgé.

L'église de Saint-Roch est l'une de celles qui ont été le plus favorisées dans l'ensemble des commandes faites par l'administration municipale pour la décoration des monuments religieux. On y compte, tant sur la façade que dans l'intérieur, plusieurs statues exécutées par des sculpteurs habiles, en même temps que le transept et les chapelles recevaient des compositions peintes qui peuvent soutenir la comparaison avec les toiles anciennes que l'on y voyait déjà.

Les parties principales de l'église de Saint-Sulpice appartiennent au dix-septième siècle, mais la durée

des travaux se prolongea jusque sous le règne de
Louis XV. Le plan primitif, dessiné par Gamard, fut
modifié par Levau, par Oppenord et par Gittard. Le
portail occidental est l'œuvre de Servandoni. En 1777
Chalgrin fut chargé de construire les tours, mais il
ne put achever que la tour du Nord. Les deux portiques superposés d'ordre dorique et ionique de la
façade principale, et les trois ordres de la tour principale, sont d'excellents modèles de l'architecture française de cette époque ; mais si tous les détails en sont
bien étudiés, on peut blâmer l'aspect général de l'ensemble qui paraît de forme bizarre. La galerie supérieure exigerait le rétablissement du fronton qui terminait le monument et qui a dû être démoli à la suite
d'un incendie occasionné par la foudre. La tour du
Nord, dont les lignes sont sveltes et élégantes, écrase
celle du Midi bâtie en 1749 par Maclaurin dans un
style banal et qui semble inachevée. L'intérieur de
Saint-Sulpice est, de toutes les églises modernes de
Paris, celui qui se rapproche le plus de la disposition
des églises du moyen âge, et celui qui est le mieux
approprié aux besoins du culte. Les architectes n'a-
vaient au reste qu'à suivre le tracé de l'édifice ancien
qu'ils étaient chargés de renouveler et d'agrandir.
On peut retrouver, dans les substructions qui ont servi
postérieurement de caveaux funéraires, le tracé des
fondements de l'église primitive qui portait le nom
de Saint-Pierre, et dont on distingue l'enceinte, la

base des piliers et celle du clocher qui datent du douzième siècle. Cette paroisse avait été agrandie à l'époque de la Renaissance, et plusieurs gravures nous ont conservé l'aspect qu'elle présentait avant que l'accroissement de la population n'eût entraîné son extension actuelle. L'église se compose d'une vaste nef dont la voûte est supportée par des piliers à pilastres d'ordre corinthien et de deux petites nefs parallèles. Elle est divisée, dans sa largeur, par un large transept. Derrière le chœur, Servandoni a construit la chapelle de la Vierge, l'un des meilleurs exemples de l'art décoratif que nous ayons à Paris. La coupole de cette chapelle a été peinte à fresque par Lemoine, mort en 1737; elle représente l'Assomption de la Vierge. Cette coupole a été restaurée en 1763 par de Wailly, à la suite de l'incendie de la foire Saint-Germain qui l'avait endommagée. A ce moment on établit une seconde voûte ouverte, peinte par Callet, destinée à masquer les fenêtres ouvertes pour éclairer ces peintures jusqu'alors invisibles. Toutes les murailles de la chapelle sont revêtues de colonnes, de pilastres et de panneaux en marbres précieux, et de tableaux peints par Carle Vanloo. Au-dessus de l'autel a été disposée une niche éclairée par en haut, où l'on voit une statue de la Vierge par Pigalle. Elle remplace une autre statue de grandeur naturelle en argent qui avait été modelée par Bouchardon. Ce dernier artiste a sculpté les figures d'apôtres en pierre de Tonnerre qui décorent le chœur. Saint-Sulpice a conservé une partie des riches monuments qui y avaient été érigés, notamment celui de l'abbé Languet de Gergy, curé de la paroisse, par Michel-Ange Slodtz. Ce tombeau, dessiné dans le goût théâtral inauguré par Bernini, représente cet ecclésiastique en prière accompagné par l'Immortalité et par la Mort, figurée par un squelette. Slodtz a également donné le dessin du grand buffet d'orgues qui existe encore et celui de l'ancien sanctuaire. Une partie des statues qui sont placées dans les niches des portails latéraux, et dont quelques-unes sont dues à Dumont, portent le même caractère. Les bases des deux tours sont occupées par deux chapelles, dont la sculpture d'ornement a été très finement exécutée par Boizot et par Mouchy. La nef possède une chaire de marbre d'un remarquable travail, qui a été offerte par le maréchal de Richelieu. Les chapelles ont été décorées d'une suite de fresques commandées par la préfecture de la Seine pour acclimater en France ce procédé familier aux artistes italiens, et maintenir en même temps les traditions en style classique. Ces essais n'ont pas donné des résultats très heureux, bien qu'on ait remplacé depuis la fresque par la peinture à la cire. Malgré le talent des peintres auxquels les commandes avaient été faites, ces tentatives ont été abandonnées. On doit cependant citer les compositions dont Eugène Delacroix a revêtu les parois de la chapelle Saint-Michel.

Devant l'église de Saint-Sulpice règne une vaste place au milieu de laquelle s'élève une fontaine monumentale dessinée par Visconti. Elle est en forme de loggia, et ses arcades sont occupées par les statues de Bossuet, de Fléchier, de Massillon et de Fénelon. On voyait autrefois sur cet emplacement le grand séminaire de Saint-Sulpice édifié en 1645, et dont la chapelle avait été richement décorée par Le Brun. Cet établissement a été démoli au commencement du siècle, et le séminaire de Saint-Sulpice a été reconstruit sur l'un des côtés de cette place, à l'angle de la rue Bonaparte.

On attribue au peintre Le Brun le dessin de l'église de Saint-Nicolas du Chardonnet, dont le chevet a été dégagé lors du percement du boulevard Saint-Germain. Bien que la paroisse fût antérieure à cette époque, sa construction fut entreprise en 1656, mais les travaux longtemps interrompus ne furent repris qu'en 1705. La façade principale n'a jamais été achevée. L'extérieur n'offre de remarquable qu'une porte placée sur le côté septentrional dont les vantaux sont de bons modèles de la sculpture sur bois. Le Brun a laissé dans la chapelle de Saint-Charles, qui servait de sépulture à sa famille, la mesure de son génie décoratif. Bien que directeur de la maison royale des Gobelins, ce grand artiste possédait dans la rue Saint-Victor une vaste demeure située dans la paroisse de Saint-Nicolas du Chardonnet, et qui a conservé jusqu'à nos jours son aspect général. Le Brun a peint dans la voûte de cette chapelle l'archange Gabriel, et, sur le retable de l'autel, la figure de Saint Charles Borromée. Son tombeau et celui de sa femme, par Antoine Coyzevox, est placé au-dessous de la fenêtre, mais le monument le plus remarquable de la chapelle est celui qu'il a fait ériger à sa mère par Tuby et Collignon. Cette composition dramatique, conçue sans emphase et exécutée avec une simplicité qui atteint la grandeur, représente la mère de Le Brun sortant du sépulcre, que soulève un ange et levant les yeux au ciel dans un élan de ferveur suppliante. Il est peu de pages aussi heureuses dans l'histoire de la sculpture française. Girardon a sculpté pour la même église le buste de Jérôme Bignon, dont la famille a fourni à la bibliothèque du roi une suite de gardes qui tous ont concouru au développement extraordinaire de cet établissement.

Auprès de l'église était placé un séminaire qui, après diverses vissicitudes, a retrouvé son ancienne destination. Les bâtiments construits au dix-septième siècle ne présentent aucun intérêt artistique.

Un autre établissement religieux plus important était situé dans le voisinage de Saint-Nicolas du Chardonnet. C'était l'abbaye de Saint-Victor, fondée en 1113 par Louis le Gros, et où professèrent Guillaume de Champeaux et son élève Abélard, qui y enseigna la philosophie scolastique avant de se séparer de son maître. Saint-Victor a produit une longue suite de théologiens, de philosophes, de poètes et de commentateurs, dont les plus connus sont Hugues, Richard et Adam de Saint-Victor, et Pierre le Mangeur. Leurs écrits eurent une influence énorme sur la littérature du moyen âge. Plusieurs évêques de Paris avaient tenu à honneur d'affirmer leurs relations avec ce centre intellectuel et y avaient fait disposer leur sépulture. Le chœur et la nef de l'église avaient été reconstruits sous le règne de François Ier, mais le clocher, la crypte et les cloîtres étaient restés tels qu'ils existaient lors de la fondation de l'abbaye. L'intérieur de la nef était remarquable par ses dimensions, et le chœur était décoré d'une rangée de stalles richement sculptées à l'époque de la Renaissance, et d'un jubé qui fut supprimé au dix-huitième siècle et remplacé par deux chapelles collatérales. Les verrières de l'église et celles de la chapelle basse étaient garnies de panneaux dont Levieil et les anciens auteurs vantaient l'exécution. Le trésor de Saint-Victor était le plus considérable de Paris après celui de Notre-Dame; mais sa principale richesse était la bibliothèque qui remontait aux premières années de la fondation de l'abbaye, et à laquelle Rabelais a souvent fait allusion dans ses ouvrages. Non contents d'avoir réuni ces trésors littéraires, les chanoines les mettaient à la disposition du public qui y étaient admis plusieurs jours de la semaine. Cette mesure libérale ne préserva pas cette collection de la dispersion révolutionnaire, et les manuscrits de Saint-Victor furent portés à la Bibliothèque nationale où ils ont formé pendant longtemps un fonds séparé. La série des imprimés n'était pas moins nombreuse, et les premiers volumes en avaient été achetés par les chanoines aux élèves de Gutenberg établis à Paris. La bibliothèque renfermait également une riche collection d'estampes et de cartes géographiques qui a été réunie au dépôt de la rue de Richelieu.

L'abbaye a été rasée complètement après la suppression des maisons conventuelles. Son emplacement est occupé en partie par les bâtiments de l'Entrepôt des vins et par des maisons particulières. On retrouve dans la cour intérieure d'une propriété, située derrière la fontaine Cuvier, quelques arceaux en ogive qui faisaient partie des bâtiments de Saint-Victor.

Plusieurs autres églises de Paris ont été également construites au dix-septième siècle. Celle de Saint-Louis-en-l'Ile, dont la façade est inachevée, fut entreprise en 1662 sur les dessins de Levau et ne fut terminée que longtemps après. L'extérieur ne présente rien de saillant, mais les arcades et la voûte de la nef principale sont ornées de sculptures décoratives, exécutées d'après les dessins du peintre Jean-Baptiste de Champaigne, qui était marguillier de l'église. La paroisse de Saint-Jacques du Haut-Pas, située dans la rue Saint-Jacques, montre plus d'homogénéité dans sa construction. L'église actuelle a été rebâtie en 1630 ; le frère de Louis XIII, Gaston d'Orléans, a fourni une partie des fonds nécessaires à son exécution, qui est peu remarquable. La même époque vit également s'édifier diverses chapelles de maisons religieuses, dont quelques-unes ont pris rang postérieurement parmi les paroisses de la capitale. La chapelle des Missions étrangères, située dans la rue du Bac, a été commencée en 1683. Elle comprend deux étages superposés, et l'on arrive à celui du haut par un grand perron à double rampe. Cette chapelle a servi assez longtemps d'église paroissiale sous le nom de Saint-François-Xavier. Elle a été rendue à sa destination première depuis l'achèvement de la nouvelle église du même nom, construite sur le boulevard des Invalides. Dans le courant du treizième siècle, des religieux vêtus de manteaux blancs, et qui portaient le nom de serfs de la Vierge, vinrent s'établir à Paris, dans le quartier du Marais. Ils furent remplacés par les Bénédictins réformés qui, en 1685, firent réédifier les bâtiments claustraux et la chapelle de leur maison. Cet ensemble de constructions existe encore ; la chapelle s'est transformée en paroisse, et l'administration du Mont-de-Piété a été installée dans les dépendances du monastère.

La congrégation des prêtres de l'Oratoire avait été fondée par le cardinal de Bérulle qui, protégé par la reine Marie de Médicis, s'établit d'abord dans le fau-

PALAIS DE L'INSTITUT (ANCIEN COLLÈGE DES QUATRE-NATIONS)

(xviie siècle.)

bourg Saint-Jacques. Il acquit ensuite l'hôtel du Bouchage, dans la rue Saint-Honoré, pour y créer une maison plus considérable. Il fit commencer la chapelle nouvelle, d'après les plans de Jacques Lemercier, mais la façade ne fut terminée qu'en 1745. L'abside extérieure de l'église est flanquée de deux clochetons d'une disposition originale, et surmontée de combles hardiment indiqués, mais les dispositions intérieures en ont été rendues méconnaissables lorsqu'elle a été transformée en temple protestant à l'époque du premier Empire.

Il devint de règle, au dix-septième siècle, que toute église ou chapelle devait être couronnée d'une coupole. Chaque architecte dut se conformer à cette exigence et compléter de cette façon les édifices religieux qu'il construisait. Les religieuses de Notre-Dame de l'Assomption demandèrent au peintre Charles Errard, directeur de l'École de Rome, le plan de leur couvent, situé à l'angle des rues Saint-Honoré et Cambon. Le portique de l'église construite en 1670 s'élève au-dessus d'un perron précédé d'une grande cour. Il est surmonté d'un dôme élégant de dessin, dont l'intérieur a été peint par Lafosse. Entre les fenêtres, se voyaient primitivement des peintures aujourd'hui recouvertes de badigeon; la chapelle et sa sacristie possèdent plusieurs tableaux intéressants. Pendant les longs travaux de construction de l'église de la Madeleine, l'Assomption servit d'église paroissiale; depuis leur achèvement, elle était devenue la chapelle des catéchismes de cette dernière église. Elle a perdu récemment cette destination, ainsi que les bâtiments qui formaient le couvent. Les filles de la Visitation occupaient une vaste maison contiguë à celle de l'Assomption. Il en reste une cour entourée d'arcades supportées par des piliers, et la majeure partie des dispositions intérieures. Ces constructions sont affectées à divers services ressortissant au ministère des finances.

La chapelle de l'ancien noviciat des Jacobins est devenue une des églises paroissiales de Paris, sous le vocable de Saint-Thomas d'Aquin. C'est un édifice important, commencé en 1683 par Bullet, et qui a été terminé seulement dans le cours du dix-huitième siècle. Il est précédé d'une place débouchant à la fois sur la rue du Bac et sur le boulevard Saint-Germain. La façade, dont on attribue la création à Claude, frère de l'ordre, est assez banale; elle est décorée d'une porte dont les détails pauvrement dessinés sont habilement sculptés sur bois. L'intérieur était autrefois complété par plusieurs chapelles qui ont perdu leur décoration primitive, remplacé aujourd'hui par des compositions modernes. Derrière le chœur s'étend une vaste chapelle entourée d'un lambris sculpté, dont le plafond est l'une des pages les plus importantes du peintre Lemoine. L'église est entourée de vastes bâtiments conventuels comprenant

nouvelle. D'autres salles sont réservées aux séances ordinaires des différentes sections de l'Institut. Les galeries du palais renferment une série de bustes et de statues, dont plusieurs sont d'une exécution remarquable, et qui sont consacrés à conserver les traits de nos célébrités aristiques et littéraires et ceux de nos grands savants. L'Institut possède une riche bibliothèque réservée à ses membres, dont le premier fonds a été constitué au moyen de l'ancienne bibliothèque de la ville de Paris, formée primitivement par l'avocat Moriau. La bibliothèque de l'Institut possède aujourd'hui près de 200,000 volumes choisis parmi les meilleures publications savantes de l'Europe. Sa principale galerie est ornée d'une statue de Voltaire, par Pigalle.

L'Institut de France se divise en cinq classes : l'Académie française, l'Académie des inscriptions et belles-lettres, l'Académie des sciences, l'Académie des sciences morales et politiques, et l'Académie des beaux-arts.

On a dessiné récemment, sur l'un des trottoirs qui entourent le palais de l'Institut, un tracé indiquant l'emplacement de l'ancienne tour de Nesle, par laquelle se terminait l'enceinte de Philipe-Auguste sur la rive gauche. Cette tour faisait jadis partie d'un hôtel où la tradition rapporte que la reine Marguerite de Bourgogne avait habité. Ces souvenirs ont été ravivés par le succès du drame d'Alexandre Dumas, qui

a rendu populaires les aventures de Buridan et les
orgies de la tour de Nesle. Ce logis vint ensuite en la
possession du duc Jean de Berry, qui le fit agrandir et
y mourut. Il avait fait établir, le long du mur d'enceinte, des écuries et des dépendances et il avait obtenu d'ouvrir dans la muraille une porte particulière
mettant cette demeure en communication avec des
jardins situés en dehors de l'enceinte. Charles VI habita également le logis de Nesle qui, sous Charles VIII
et sous François Ier, servait de demeure à la colonie
d'artistes étrangers attirés en France pour le service
du roi. Benvenuto Cellini raconte dans ses Mémoires
les luttes qu'il eut à subir pour son installation lorsque le roi lui en eut accordé le privilège, et les travaux de sculpture qu'il y avait exécutés. Une partie
des dépendances de ce vaste hôtel fut occupée postérieurement par l'hôtel du duc de Nevers, qui devint
ensuite la propriété du marquis de Guénégaud et
des princes de Conti; mais la tour de Nesle et les
restes du palais du duc de Berry, appuyés sur le mur
d'enceinte, ne furent démolis qu'en 1665, lors de
l'établissement du collège des Quatre-Nations. Leur
tracé formait une ligne droite coupant la cour actuelle du palais de l'Institut, dans le sens de la longueur.

Le gouvernement, voulant remédier aux désordres
qu'entraînait le nombre considérable des pauvres qui
encombraient les rues de Paris, fit élever, dans le

quartier voisin de la Bièvre, une vaste maison où ils devaient être internés. On utilisa pour cette construction des travaux commencés par Louis XIII pour servir d'arsenal. L'hospice de la Salpêtrière, qui est peut-être le plus vaste de l'Europe, est aujourd'hui affecté au dépôt des femmes âgées et infirmes. Il renferme une population de près de 5,000 habitants. Au milieu de ses vastes bâtiments s'élève une chapelle bâtie en 1670, sur les dessins de l'architecte Libéral Bruant. Elle consiste en un dôme octogone soutenu par huit arcades qui aboutissent à autant de nefs, dont quatre servent de chapelles, afin de permettre aux différentes catégories de pensionnaires d'entendre la messe, sans se trouver mélangées.

C'est au même architecte que s'adressa le roi Louis XIV lorsqu'il voulut fonder à Paris une maison de retraite destinée aux soldats blessés ou vieillis dans la carrière des armes. Animé par la même pensée d'humanité, Louis XIII avait fait commencer la construction de cet hospice sur l'emplacement du château de Bicêtre, mais ce projet n'eut pas de suite, et l'hospice de Bicêtre fut réuni à l'Hôtel-Dieu, qui y installa une maison de retraite pour les hommes âgés. Les bâtiments nouveaux, commencés par Bruant, furent terminés par J.-H. Mansart. On attribue au premier la façade d'entrée, qui présente une masse imposante, et la cour d'honneur, dont la double rangée d'arcades interrompue par des frontons placés sur les quatre façades du quadrilatère, est admirée comme l'une des

HOTEL DES INVALIDES (XVIIe SIÈCLE)

meilleures créations de notre architecture au dix-
septième siècle. La chapelle Saint-Louis, dont les

dimensions égalent celles d'une église, forme un parallélogramme entouré d'arcades surmontées de tribunes communiquant avec les galeries supérieures de la cour; c'est également une heureuse conception de Bruant. A la suite de cette chapelle, s'élève un dôme construit par Mansart, que l'art du règne de Louis XIV a embelli de toutes les magnifiences de l'architecture, de la peinture et de la sculpture. Les travaux de la dernière chapelle furent terminés vers 1705, mais quelques parties de la décoration intérieure ne furent achevées que sous Louis XV. Cette seconde église, à laquelle on accède par la place Vauban, est ornée à l'extérieur d'un portique à double étage surmonté d'un fronton triangulaire appuyé sur des colonnes d'ordre dorique et corinthien. En arrière, s'élève la coupole entourée de quarante colonnes corinthiennes, et terminée par des caissons curvilignes en plomb doré, dans lesquels sont inscrits des trophées militaires en bas-relief. La flèche terminale, en forme d'édicule, mesure 105 mètres de hauteur; elle domine hardiment toute cette partie de la ville, qui est sillonnée par un ensemble de larges avenues aboutissant à la vaste place entourant le monument.

Les grandes proportions de la coupole ont permis aux peintres Jouvenet et Lafosse de développer toutes leurs qualités décoratives. Le premier y a représenté les douze apôtres dans une voûte inférieure, distribuée en parties égales, et le second y a terminé une vaste composition allégorique où l'on voit saint Louis présentant son épée à Jésus-Christ, ainsi que les figures des évangélistes, qui sont placées sur les pendentifs. Le maître-autel, dont le baldaquin est supporté par des colonnes torses, comme celui de Saint-Pierre de Rome, est à deux faces et disposé sur des marches, de manière à être vu des deux églises à la fois. Au-dessus, est une voûte peinte par N. Coypel. Le plan du dôme, en forme de croix grecque, comporte trois autres nefs entre lesquelles s'ouvrent quatre chapelles qui ont conservé leur ornementation primitive. Le sont : la chapelle de Saint-Augustin, peinte par Louis Boullongne ; celle de Saint-Ambroise, due à Boullongne l'aîné ; celles de Saint-Grégoire, par Michel Corneille, repeinte en partie par Doyen, et de Saint-Jérôme, par Boullongne l'aîné. Plusieurs monuments funéraires décorent cette enceinte : le plus remarquable est celui du maréchal de Turenne, exécuté par Tuby et Marsy, sur les dessins de Lebrun, et placé dans la chapelle Saint-Grégoire. Tous les détails intérieurs du dôme sont traités avec une habileté qui fait grand honneur au goût de l'école du dix-septième siècle ; les motifs des portes, du pavé en mosaïque et des nombreux bas-reliefs de la nef et des chapelles sont des modèles exquis d'ornementation. Sauf quelques modifications apportées à l'intérieur, notamment l'enlèvement de plusieurs effigies royales placées sur la façade, l'église des Invalides avait conservé son aspect primitif; mais lorsque les cendres de Napoléon Ier furent rapportées à Paris (1840), le gouvernement de Juillet résolut de les faire déposer dans cet édifice. Il ouvrit un concours à la suite duquel le projet présenté par l'architecte Visconti fut adopté. Les travaux, commencés en 1843, furent suspendus en 1848 et ne furent repris qu'en 1850, pour être terminés trois ans plus tard. Le projet de Visconti, qui conserve toutes les dispositions de Mansart, comporte l'établissement d'un second monument inscrit dans le premier, en ouvrant, dans la partie centrale du dôme, une crypte circulaire à air libre, entourée de portiques. Il plaça au milieu du sol abaissé un grand sarcophage de porphyre rouge amené à grands frais des bords du lac de Ladoga, dans lequel repose le cercueil. Tout autour de cette crypte découverte règne une galerie supportée par douze piliers de marbre blanc, dans lesquels Pradier a taillé des figures de Victoires. Entre chacune de ces travées est un bas-relief, et dans l'axe de l'autel se dresse une statue de Napoléon en costume impérial. On accède à la crypte par un double escalier situé derrière le baldaquin et sur les côtés duquel se trouvent les tombeaux de Duroc et de Bertrand. Le monument de Napoléon montre un rare talent d'arrangement chez l'architecte qui l'a conçu; il surprend par son aspect imprévu et il augmente l'impression grandiose que produit l'élévation colossale du dôme ; mais il est permis de regretter que le style des sculptures, des bronzes et des mosaïques qui y sont prodigués ne soit pas en harmonie avec l'ornementation ancienne, celle-ci étant toujours chaude et spirituelle, tandis que l'autre est classique et banale.

Sous les portiques de la cour d'honneur s'ouvrent de grands réfectoires dont les murs sont revêtus de peintures représentant les campagnes glorieuses de Louis XIV. Ces compositions dues à Martin et à l'école de Van der Meulen, ont subi de nombreuses restaurations qui leur enlèvent une partie de leur valeur historique. Quelques-unes seulement de ces salles ont conservé leur destination; les autres étant restées sans emploi, par suite de la diminution des soldats invalides auxquels le gouvernement préfère accorder des pensions en dehors de l'établissement, ont été affectées au service du Musée d'artillerie. Cette collection, formée sous la Révolution avec les débris des arsenaux de Sedan et de Strasbourg et les cabinets d'armes de plusieurs princes émigrés, avait été installée dans les bâtiments de l'ancien noviciat général des Jacobins, près de l'église de Saint-Thomas d'Aquin. Il fut augmenté sous la Restauration et le gouvernement de Juillet par des acquisitions importantes et reçut, après 1870, la riche collection d'armures rassemblée par Napoléon III pour garnir la grande salle de château de Pierrefonds. Ces accroissements avaient rendu insuffisantes les galeries de la direction d'artillerie, et on résolut de transporter le

Musée dans les salles de l'hôtel des Invalides qui se trouvaient libres. Les collections ont gagné à ce changement de domicile l'espace qui leur faisait défaut, mais les galeries sombres et humides des Invalides se prêtent mal à l'établissement d'un musée et il faut espérer que des travaux d'appropriation rendront l'aménagement actuel plus digne des richesses qu'il contient.

Les deux galeries du rez-de-chaussée renferment les armes et les armures du moyen âge et de la Renaissance. Quelques-uns de ces harnais de guerre ont appartenu à nos anciens rois et ont fait partie du musée des Souverains supprimé après 1870. On y voit également des armes provenant de grands capitaines ou de personnages illustres. La plupart sont d'un remarquable travail; plusieurs sont des chefs-d'œuvre de goût et d'exécution, et quelques-unes sont attribuées aux meilleurs artistes de la Renaissance. Auprès de ces armures sont des suites historiques de casques, de boucliers et des pièces détachées qui montrent le degré d'élégance et de raffinement qui caractérisait l'équipement des anciens hommes de guerre. Deux autres longues galeries contiennent les armes blanches et les armes de hast, ainsi que les armes à feu, les arbalètes primitives et les pièces d'armure grecques et romaines. Ces dernières salles sont réunies par une large pièce d'entrée dans laquelle sont exposées les armes orientales. Les galeries du premier étage sont occupées par des séries de modèles en petit de canons et de machines d'artillerie. On y a joint deux galeries dont l'une est consacrée à la collection des costumes de guerre, depuis la période préhistorique jusqu'à l'époque de Louis XIV et la seconde à une collection ethnographique représentant les principaux types de l'Océanie, de l'Amérique et de l'Afrique.

Les pièces d'artillerie trop volumineuses pour trouver place dans ces salles ont été disposées dans deux des cours intérieures de l'hôtel des Invalides; l'une, celle d'Angoulème, contient la suite chronologique des bouches à feu depuis l'invention de la poudre. Le milieu de cette cour est occupé par une énorme coulevrine allemande, d'un beau travail, datée de 1522. Près de là sont déposées plusieurs grosses bombardes de la fin du quinzième siècle provenant de l'île de Rhodes. La seconde cour, dite de la Victoire, renferme des pièces modernes de gros calibre et des modèles de bouches à feu destinées aux vaisseaux. L'hôtel possède une autre série de bouches à feu qui garnit la contrescarpe du fossé qui la sépare de l'esplanade. Cette batterie d'honneur, dont les salves célèbrent nos événements officiels, se compose de pièces en bronze dont la plupart sont des souvenirs des campagnes du premier Empire ou de l'expédition d'Alger. D'autres sortent des fonderies françaises de l'époque de Louis XIV.

L'hôtel des Invalides contient une riche bibliothèque ornée de portraits historiques et destinée à l'usage des pensionnaires. Sous les combles, on conserve une collection précieuse des plans des principales forteresses et des places de guerre situées sur nos frontières. Cette série de modèles remonte au temps des travaux de Vauban.

Les cours et les abords des Invalides sont décorés de plusieurs statues érigées en l'honneur de nos célébrités militaires. Sur le tympan de la façade principale est sculptée en bas-relief par Coustou la figure équestre de Louis XIV, fondateur de la maison. Devant les pavillons d'angle sont placés sur des piédestaux quatre groupes accompagnant jadis le monument consacré au roi Louis XIV, que le duc de la Feuillade avait élevé sur la place des Victoires, et qui avaient été modelés par Desjardins.

Lorsqu'on eut remplacé sur la colonne de la grande armée, la statue de Napoléon Ier en habit moderne par une autre revêtue du costume impérial, cette figure fut placée sous le portique du premier étage de la cour d'honneur de l'hôtel. Peu de temps après, on y transporta également la statue du prince Eugène, commandée primitivement pour décorer la place de la mairie du XIe arrondissement. Auprès sont les statues de Gribeauval, créateur du système d'artillerie qui porte son nom, et de plusieurs généraux.

C'est également à Louis XIV que l'on est redevable de l'Observatoire commencé en 1668 et terminé en 1671 sur les dessins de Claude Perrault. Le caractère simple et sévère de ce monument, situé dans le haut du faubourg Saint-Jacques, convient bien à sa destina-

L'OBSERVATOIRE (XVIII⁰ SIÈCLE)

tion. Les quatre faces répondent aux points cardinaux et l'on n'a employé dans sa construction ni fer ni bois, afin de le mettre à l'abri de l'incendie et des variations de l'atmosphère. Des caves profondes communiquant avec les catacombes permettent d'obtenir la température égale que réclament certaines expériences.

L'Observatoire forme un gros pavillon surmonté d'une plate-forme dallée sur laquelle on a placé pendant longtemps tous les instruments d'observation. Aujourd'hui la science dispose d'appareils plus puissants dont il a fallu aménager quelques-uns, en raison de leur grand poids, dans ces bâtiments spéciaux construits au milieu du jardin de l'ancien établissement. Le premier directeur de l'Observatoire fut Jean-Dominique Cassini, appelé d'Italie en France et dont les descendants continuèrent les savants travaux pendant près d'un siècle. Les Cassini ont entrepris les cartes de la France qui ont popularisé leur nom, en prenant comme point de départ le méridien de Paris. L'œuvre des Cassini a été continuée par plusieurs savants dont les plus illustres ont été François Arago et Leverrier. L'Observatoire renferme une belle bibliothèque spéciale et une collection d'instruments anciens d'observation. On y a joint récemment les portraits des principaux astronomes français. C'est là que se préparent les publications du bureau des longitudes. Autour de l'Observatoire gravitent deux établissements similaires qui correspondent avec lui. Le premier est installé dans la partie subsistante du château de Meudon, et l'autre occupe dans le parc de Montsouris un pavillon offert à la ville de Paris par le bey de Tunis à la suite de l'exposition universelle de 1867.

Sur les conseils du ministre Colbert, Louis XIV

acquit dans la rue Mouffetard, sur les bords de la Bièvre, une vaste maison appartenant aux frères Gobelin et dans laquelle ils avaient installé une teinturerie renommée. Le roi se proposait de réunir dans ces vastes bâtiments les divers ateliers de tapisserie qui travaillaient sur différents points de la capitale et d'y fonder une manufacture royale pour l'ameublement des palais. Ce projet fut mis à exécution en 1667, et la nouvelle manufacture fut placée sous l'habile direction du peintre Charles Lebrun qui lui donna un merveilleux développement. Aux nombreux métiers de haute lisse installés dans l'enclos des Gobelins vinrent se joindre des ateliers de fondeurs et de ciseleurs sur cuivre, d'orfèvres, d'ouvriers mosaïstes, de brodeurs, de peintres et de dessinateurs. C'était une colonie d'artistes dont l'activité était incessante. La mort de Lebrun et les embarras financiers de la dernière période du règne de Louis XIV ralentirent la production de ces ateliers qui furent supprimés définitivement sous la minorité de Louis XV, à l'exception de la manufacture de tapisserie qui reprit un éclat nouveau sous la direction de François Boucher. Les troubles de la Révolution occasionnèrent un temps d'arrêt dans les travaux, mais un danger moins passager menaçait la manufacture dans son existence artistique. Les nouveaux principes prêchés par l'école du peintre David et la recherche d'une fausse simplicité empruntée à l'art antique firent abandonner les compositions dessinées en vue du but spécial de la décoration. On demanda aux peintres des sujets historiques ou mythologiques agencés comme des tableaux, et l'on essaya de lutter avec les chefs-d'œuvre de la peinture par l'adoption de couleurs intermédiaires, afin de reproduire rigoureusement le coloris des chairs. En même temps les progrès de la chimie augmentèrent la palette des tapissiers de nuances infinies dont le vif éclat s'éteignait au contact de la lumière. Les métiers des Gobelins arrivèrent à ne produire que des ouvrages sans style et ne se distinguant que par le soin exagéré du travail. On est actuellement rentré dans des principes meilleurs, et on ne tisse plus que sur des cartons composés pour être reproduits par la tapisserie, en tenant compte des exigences de cet art particulier. Les bâtiments des Gobelins qui remontent à l'époque de la fondation de la manufacture ne présentent aucun caractère artistique ; une partie a été incendiée en 1871, en même temps qu'une précieuse collection de tapisseries dont les plus anciennes remontaient aux premières années du dix-septième siècle. On doit prochainement reconstruire les salles détruites, et l'on a rassemblé dans une galerie provisoire une série de tapisseries destinée à montrer l'histoire artistique de cette fabrication.

La manufacture de la Savonnerie, établie par Henri IV, au bas des hauteurs de Chaillot, conserva,

pendant deux siècles son autonomie. Elle produisait
des tapis de pied à la façon de l'Orient, dont les dessins étaient fournis par les peintres du roi. Cette
fabrique fut ensuite réunie à celle des Gobelins et perdit alors une partie de son importance, bien qu'elle
ait continué à répéter les beaux modèles du règne de
Louis XIV, ou à exécuter des tapis destinés à l'ameublement des palais impériaux. Les anciens métiers de
la Savonnerie semblent devoir être prochainement
supprimés, en raison de ce que leurs productions ne
peuvent pas lutter avec les tapis de l'Orient, pour la
franchise des couleurs et pour leur distribution har-
monieuse. Une autre manufacture nationale de tapisseries de basse lisse existe dans la ville de Beauvais;
elle est destinée principalement aux pièces d'ameublement qui doivent décorer les palais nationaux.

Auprès de la maison des Gobelins se trouvait une
célèbre fabrique de draps et une teinturerie d'écarlate
appartenant à la famille de Julienne. L'un des posses-
seurs de cette fabrique se fit connaître par ses relations étroites avec le peintre Watteau et par la
richesse de ses collections artistiques. Il reste de cette
demeure un pavillon orné de gracieuses peintures
endommagées par le temps et situé dans les jardins
qui avoisinent la Bièvre.

La première pensée du Jardin des Plantes appartient à Louis XIII, qui en avait accordé la création à
son premier médecin Hérouard en 1626. Son succes-

seur, Guy de la Brosse, ouvrit le jardin en 1640, sur l'emplacement de la butte des Copeaux. Ce fut cependant sous Louis XIV que l'établissement se développa sérieusement, grâce à la direction du médecin Fagon, de Tournefort et de Jussieu. Le comte de Buffon y joignit plus tard une ménagerie qui lui servit de base d'études pour son *Histoire naturelle*. Le Jardin du roi devint alors le grand foyer scientifique de l'Europe et, en peu d'années, il réunit une suite inestimable d'échantillons intéressant toutes les branches de l'histoire naturelle. La Convention réorganisa cet établissement sous le nom de Muséum, et y institua douze chaires de minéralogie, de chimie, de botanique, d'arboriculture, de zoologie, d'anatomie et de géologie. En même temps, elle créait une bibliothèque spéciale qui n'a cessé de s'enrichir depuis cette époque, et dont la principale curiosité est la collection de vélins peints pour Gaston d'Orléans, frère de Louis XIII, et représentant des fleurs et des insectes. L'abandon de Versailles par la royauté amena au Jardin les animaux qui garnissaient les cours de l'ancienne ménagerie de Louis XIV; des acquisitions d'animaux rares faites à l'étranger vinrent nécessiter l'agrandissement de la ménagerie jusqu'alors très restreinte. C'est de cette époque que date le parc actuel qui s'est étendu sur une partie des terrains dépendant de l'ancienne abbaye de Saint-Victor et sur des chantiers. L'illustre Cuvier compléta ces améliorations en même temps qu'il créait la science nouvelle des fossiles, qui sert de base aux travaux modernes sur les révolutions de notre globe. Il livra au public les galeries d'anatomie, et fit construire, au centre de la ménagerie, la rotonde destinée aux grands animaux herbivores, ainsi que les cages des reptiles aujourd'hui remplacées par des bâtiments plus vastes. Le gouvernement de Juillet fit exécuter plusieurs améliorations dans le Jardin des Plantes. On lui doit l'immense galerie de minéralogie qui longe la rue de Buffon, les grandes serres, les loges des animaux carnassiers et la rotonde des singes. On a entrepris depuis quelques années de grands travaux qui, lorsqu'ils seront terminés, permettront de connaître les prodigieuses richesses entassées dans les divers ateliers du Muséum, faute d'emplacement suffisant pour leur exposition publique. En avant des bâtiments contemporains de Buffon et dans l'axe de l'allée principale qui conduit à l'entrée des jardins, s'élève sur les plans de M. André une façade terminée par deux pavillons, derrière laquelle est disposée une immense galerie rectangulaire recouverte d'un plafond vitré, dans laquelle seront installés les spécimens des grands animaux que les anciennes galeries de zoologie ne pouvaient contenir. Ce quadrilatère est réuni aux galeries de minéralogie par un passage couvert; de l'autre côté, il est également mis en communication avec les serres dont l'étendue a été doublée par l'adjonction d'une nouvelle halle vitrée monumentale.

Lorsque ces agrandissements seront terminés, toutes les collections du Muséum se trouveront réunies, sans qu'il faille désormais traverser les diverses parties du jardin, pour en parcourir l'ensemble.

Il serait impossible d'évaluer le nombre total des pièces qui composent les collections de ce grand établissement. Nous nous bornerons à en citer rapidement leurs principales divisions avec l'indication de leurs emplacements actuels, en attendant l'achèvement des nouveaux bâtiments. Les galeries d'anatomie comparée et de paléontologie occupent un long bâtiment carré voisin de la ménagerie et longeant la rue Cuvier. Des hangars vitrés, placés dans la cour, abritent les squelettes et les dépouilles de cachalots et de baleines. Toutes les séries qui composent la collection zoologique sont entassées dans les divers étages des bâtiments de Buffon, qui, après avoir été longtemps la partie principale du Muséum, sont aujourd'hui cachés par la façade nouvelle. Enfin les galeries de minéralogie et de géologie, la collection botanique et la bibliothèque se partagent la longue construction voisine de la rue de Buffon.

Ces galeries, où sont conservés les restes de tous les êtres qui ont habité notre hémisphère depuis le commencement des périodes successives de sa formation, sont complétées par une vaste ménagerie qui permet d'établir la comparaison entre les animaux disparus et ceux qui existent encore. Moins prisée par les savants, cette partie des collections du Muséum est celle qui captive le plus l'attention de la foule. Les principaux bâtiments disséminés dans le jardin de la ménagerie sont les loges des animaux féroces, le palais des singes, la rotonde des grands herbivores, les fosses des ours et la galerie des reptiles. Dans la même enceinte se trouvent le grand et le petit amphithéâtre destinés aux cours, le laboratoire d'anthropologie et les habitations particulières des professeurs.

Une surface considérable du Muséum est affectée aux études botaniques. Une suite de parterres contiennent des spécimens de toutes les familles que notre climat permet de cultiver à l'air libre. Les plantes exotiques sont conservées dans l'orangerie et dans les serres. Une autre section contient les plantes officinales. On a créé, dans une dépendance du jardin de la ménagerie, une école d'arboriculture, où se développent les différentes variétés de fruits qui se cultivent en France.

La partie la plus pittoresque est le jardin anglais qui a reçu le nom de labyrinthe. Il a été dessiné par l'ingénieur Verniquet, auteur d'un grand plan de Paris entrepris en 1783. Ce jardin est disposé sur l'ancienne butte Copeau; il se termine par un pavillon en fer bronzé, d'où l'on a une vue très étendue sur Paris. Au pied de ce monticule est un beau massif d'arbres verts, parmi lesquels on remarque un cèdre du Liban rapporté d'Angleterre par Jussieu en 1734. C'est le premier arbre de ce genre que l'on ait vu en France, et son immense ramure a supporté la rigueur excessive de l'hiver de 1880-1881, en n'y perdant qu'une seule de ses branches. Le Muséum dispose encore d'un vaste enclos situé dans la rue de Buffon, sur les bords de la Bièvre, où ont été aménagés plusieurs cultures spéciales et quelques-uns des services dépendant de l'administration.

Le règne de Louis XIV vit également s'élever les constructions de deux places qui toutes les deux étaient destinées à célébrer la gloire du monarque. La première était un témoignage de la reconnaissance du duc de la Feuillade pour les grâces qu'il avait reçues de son maître. Pour réaliser ce projet, il acheta, en 1686, les terrains voisins de la rue Neuve-des-Petits-Champs, et il demanda à Jules-Hardouin Mansart les plans de la nouvelle place des Victoires. Les bâtiments sont décorés de pilastres ioniques et portent un caractère uniforme; six rues différentes viennent aboutir à cette circonférence. Le récent percement de la rue Étienne-Marcel est venu dégager les abords de la place et en augmenter l'étendue. Il est regrettable que les enseignes des nombreuses maisons de commerce, qui ont succédé aux propriétaires des derniers hôtels, dérobent absolument aux regards la belle ordonnance architecturale de l'œuvre de Mansart.

Le duc de la Feuillade avait fait ériger au centre de la place un groupe colossal en plomb doré, représentant Louis XIV couronné par la Victoire, qui avait été modelé par le sculpteur flamand Martin van den Boggaert, connu en France sous le nom de Desjardins. Ce groupe a été fondu à l'époque de la Révolution ; nous avons déjà dit que les figures qui accompagnaient autrefois le piédestal sont actuellement placées devant la façade de l'hôtel des Invalides. Les bas-reliefs qui le complétaient font partie du musée du Louvre. Quatre grands fanaux soutenus par des colonnes de marbre éclairaient primitivement cette place. Après la bataille de Marengo, le gouvernement consulaire chargea le sculpteur Dejoux d'élever sur le même emplacement une statue pédestre colossale, représentant le général Desaix, mais cette statue fut enlevée peu de temps après sur les réclamations des habitants choqués de sa nudité mythologique. Pour rendre à cette place son caractère primitif, la Restauration commanda au sculpteur Bosio la statue actuelle de Louis XIV, à cheval, dans le piédestal de laquelle sont encastrés deux bas-reliefs représentant le Passage du Rhin et le Roi distribuant des récompenses militaires.

Le projet de la place Vendôme fut conçu par le ministre Louvois, qui se proposait de réunir dans ses nouveaux bâtiments la Bibliothèque royale, les académies, la Monnaie et l'hôtel des ambassadeurs extraordinaires. Il fit acheter par le roi les vastes terrains de l'hôtel de Vendôme, et les travaux commencèrent en 1677 sur les dessins de J.-H. Mansart.

Cette place, de forme carrée avec des angles rentrants, devait établir une communication plus facile entre la rue Saint-Honoré et la rue Neuve-des-Petits-Champs. Elle était terminée de ce dernier côté par la façade du couvent des Capucines. La mort de Louvois changea la destination de la place inachevée, et le roi abandonna l'entreprise au prévôt des marchands, à la charge de terminer les constructions; elle fut inaugurée en 1699. La décoration uniforme des bâtiments est de style corinthien. Au milieu des deux façades, sont disposés des corps avancés surmontés de frontons reposant sur des colonnes engagées. Tous les hôtels situés sur cette place sont aujourd'hui des propriétés particulières, à l'exception de la grande chancellerie qui y est installée depuis deux siècles et à laquelle on a joint les divers services du ministère de la justice.

Le milieu de cette superbe place était occupé par une statue équestre représentant Louis XIV vêtu à la romaine, qui avait été fondue par les Keller, sur le modèle du sculpteur Girardon. Sur le piédestal étaient fixés des trophées et des cartouches de bronze sculptés par Coustou. Ce monument subit le sort de toutes les statues consacrées à la royauté qui figuraient sur les places de Paris. Il fut renversé le 16 août 1792. La place Louis-le-Grand changea en même temps son nom en celui de place des Piques, qu'elle ne garda pas longtemps. Depuis le premier Empire elle a conservé celui de place Vendôme.

La démolition du couvent des Feuillants, situé sur l'emplacement actuel de la rue de Rivoli, celle de la salle du Manège où les deux assemblées Constituante et Législative et la Convention avaient siégé jusqu'en 1793, ainsi que celle du couvent des Capucines, modifièrent très heureusement la physionomie de la place Vendôme, qui devint une des voies les plus fréquentées de Paris. Son accès dans la rue Saint-Honoré fut prolongé par la rue de Castiglione, dont les arcades se soudent sans interruption à celles de la rue de Rivoli, tandis que l'ouverture de la rue de la Paix, qui remplaçait le couvent des Capucines, lui donnait un débouché sur le boulevard. Enfin, le gouvernement impérial complétait cet ensemble grandiose en élevant au milieu de la place la colonne de la grande armée dont il sera parlé plus loin.

La suppression des anciens murs d'enceinte et l'augmentation continue de la population, qui se portait vers les faubourgs, avaient amené la disparition des bastilles élevées par Charles V. La contrescarpe transformée en boulevard ne servait plus que de promenade et de lieu de plaisir, elle était peuplée de cabarets et de spectacles forains, et dominée par les jardins des hôtels voisins. On résolut, en 1672, de construire sur cette voie nouvelle des portes monumentales destinées à annoncer, avec la magnificence pompeuse du dix-septième siècle, les diverses entrées de la ville. Comme les arcs de triomphe romains, ces monuments devaient rappeler en même temps le souvenir des conquêtes de Louis XIV dans les Pays-Bas. Le premier de ces arcs, situé à la rencontre de la rue et du faubourg Saint-Denis, a été construit par François Blondel. Il forme un large portique accosté, sur chacune de ses faces, de deux pyramides sur lesquelles sont sculptés des trophées d'armes et des figures symbolisant la défaite de la Hollande, le passage du Rhin et la prise de Maëstricht. Ces sculptures exécutées par Anguier et par Girardon viennent de subir une restauration qui a été habilement dirigée par M. Garnier. La porte Saint-Denis est l'un des meilleurs spécimens de l'architecture décorative française au dix-septième siècle.

La ville de Paris chargea, à cette même époque (1674), l'architecte Pierre Bullet de construire la porte Saint-Martin en l'honneur des glorieuses campagnes de l'armée française en Allemagne. Ce monument qui se rapproche plus que le précédent de la forme des arcs antiques est divisé en trois ouvertures, dont celle du centre est la plus grande. Il est orné de bossages rustiques et de quatre bas-reliefs dans le double tympan, dont une face regarde la ville et l'autre le faubourg. Les deux premiers représentent : la prise de Besançon et la rupture de la triple alliance ; les deux derniers : la prise de Limbourg et la défaite des Allemands. Ces sculptures sont de Desjardins, de Marsy, de le Hongre et de Le Gros.

Un troisième arc de triomphe existait sur la rive gauche de la Seine, à l'extrémité du quai de la Tournelle, auprès de l'ancien collège des Bernardins. La porte Saint-Bernard, construite en 1654, par François Blondel, présentait deux arcades de dimension égale surmontées d'une longue frise sur laquelle Tuby avait sculpté, du côté de la ville, Louis XIV répandant l'abondance sur ses peuples, et de l'autre ce même monarque dirigeant le vaisseau de l'État. Cet arc a été supprimé à la fin du siècle dernier pour l'élargissement du quai.

Blondel avait été également chargé de reconstruire la porte Saint-Antoine qui avait été bâtie primitivement en l'honneur du roi Henri II, et qui servait de communication entre la ville et le faubourg Saint-Antoine, le long des fossés de la Bastille. Blondel s'était assujetti à suivre les dispositions de l'ancien monument et à en conserver les ornements primitifs. La nouvelle porte comprenait une arcade principale flanquée de deux ouvertures plus petites ; les pilastres étaient d'ordre dorique et la décoration générale formée par des bossages vermiculés. Au-dessus du fronton et sur l'attique étaient la statue de Louis XIV, ainsi que celle d'Apollon et de Cérès, par Van Opstal. Les tympans de l'arc étaient occupés par deux figures couchées représentant des fleuves, attribuées sans motif sérieux à Jean Goujon, et que l'on voit aujourd'hui dans le jardin de l'hôtel de Cluny. Dans les niches de la façade regardant la ville, étaient placées deux statues d'Anguier qui ont été transportées, après plusieurs vicissitudes, à l'hôtel Carnavalet. La porte Saint-Antoine fut démolie en même temps que la Bastille.

Pendant le long règne de Louis XIV, on construisit à Paris de nombreux hôtels particuliers, dont l'architecture porte trois caractères successifs. Les plus anciens rappellent les édifices dessinés par Lemercier pour le cardinal de Richelieu; viennent ensuite les monuments dus à l'école de J.-H. Mansart, qui représentait le style de Louis XIV pur, et enfin dans la dernière période, les créations de Robert de Cotte, précurseur du style de la régence, qui sut allier la noblesse de l'architecture du dix-septième siècle à la fantaisie élégante du dix-huitième siècle. La transition entre ces divers systèmes n'est pas toujours très sensible, et certains édifices montrent l'empreinte de ces courants successifs, tandis que d'autres plus homogènes appartiennent à une manière nettement tranchée. Plusieurs motifs favorisaient l'expansion de ces entreprises architecturales; c'était en première ligne l'accroissement de la richesse publique et l'apparition des familles de financiers, ainsi que le séjour continuel de la noblesse, obligée par ses fonctions de rester dans le rayon de Versailles, et enfin la mise en valeur de terrains autrefois vides et situés en dehors de la ville, comme l'île Notre-Dame, devenue l'île Saint-Louis, et

LA PORTE SAINT-DENIS (XVIIᵉ SIÈCLE)

le Pré-aux-Clercs. Pour mettre ces quartiers en communication avec le centre, il fallut établir des ponts
nouveaux. Le plus important est le Pont-Royal, cons-

truit en 1685 par le frère dominicain Jean Romain, sur l'emplacement d'un ancien bac, remplacé ensuite par une passerelle en bois. Le Pont-Royal a conservé son aspect primitif; la pente seule de la chaussée a été adoucie pour faciliter la circulation des voitures. En amont de Paris, un entrepreneur, Christophe Marie, qui avait obtenu du roi Louis XIII la concession des deux îlots composant l'île Notre-Dame, à la charge de les réunir et d'y tracer des rues, fit construire le Pont-Marie, terminé en 1635, et le pont de la Tournelle, pour joindre les nouveaux terrains aux deux rives de la Seine.

L'île Saint-Louis se couvrit bientôt d'hôtels cons-truits principalement par la magistrature. Le plus important était l'hôtel Lambert, situé à la pointe orien-tale de l'île et possédé actuellement par la famille Czartoriski. Le président Lambert de Thorigny confia les murailles de sa demeure aux peintres Eustache Lesueur et Charles Le Brun, tous les deux jeunes encore et élèves de Vouet. L'un et l'autre sortirent vainqueurs de ce tournoi artistique. Le Brun a repré-senté les travaux d'Hercule dans la galerie qui est peut-être son meilleur ouvrage, tandis que Lesueur ache-vait la chambre des Muses et le cabinet de l'Amour que l'on admire maintenant au Musée du Louvre. Une partie des peintures décoratives de ces appartements a été transportée au château de Lagrange, en Berry. La décoration intérieure de l'hôtel Lambert est bien supérieure à l'aspect extérieur; la façade donnant sur la rue et la grande cour dessinées par Levau sont en effet d'un style lourd et classique. Les princes Czartoriski y ont réuni de belles collections d'objets d'art et de peintures. A peu de distance, sur le quai d'Anjou, existe un hôtel construit par le duc de Lauzun et possédé ensuite par la famille de Pimodan, qui lui a laissé son nom. Cette demeure renferme une galerie au rez-de-chaussée, et au premier étage plusieurs pièces ornées de lambris dorés et de peintures décoratives. M. le baron Pichon, qui le possède, y a réuni une précieuse collection d'objets d'art et une importante bibliothèque.

A l'extrémité orientale de l'île Notre-Dame existait autrefois l'hôtel bâti par le président de Bretonvilliers, d'où l'on jouissait d'une admirable vue sur le cours de la Seine. On y remarquait une grande galerie représentant l'histoire de Phaéton, et peinte par Sébastien Bourdon. Les autres appartements avaient été décorés par Vouet et par Baptiste. Au dix-huitième siècle, cette galerie était occupée par les bureaux des Aides qui y avaient établi des cloisons nombreuses. Ce qui restait de cette belle demeure a été démoli quand on a construit le pont Sully pour réunir le boulevard Saint-Germain au boulevard Henri IV.

Le quartier du Marais continua pendant tout le dix-septième siècle a être le séjour préféré de la noblesse.

C'est la partie de Paris qui a le moins changé et l'une
de celles qui ont le mieux conservé leur physionomie
originale. Quelques-unes de ces demeures seigneuriales nous sont parvenues à peu près intactes. La
maison qu'habitait la célèbre Ninon de Lenclos était
située dans la rue des Tournelles. Bien que moder-
nisée en partie, elle possède encore de beaux plafonds peints de l'école française et un escalier décoré
d'un médaillon de Louis XIV. Cet hôtel était accompagné d'un jardin aboutissant au boulevard Beaumar-
chais, sur l'emplacement duquel un industriel a récemment construit un grand magasin. Dans la rue
Vieille-du-Temple, on voit l'hôtel de l'ancien résident
de Hollande, bâti sur les plans de l'architecte Cottard,
pour Amelot de Biseuil. Sur la porte d'entrée et sur
les murs de la cour sont sculptés plusieurs bas-reliefs
en pierre, mais cette demeure était surtout remarquable par ses décorations intérieures. Les plafonds
des appartements avaient été peints par Vouet, par
Dorigny, par Jean-Baptiste Corneille et par Vien.

L'École centrale des Arts et Manufactures a été
installée, lors de sa création, dans l'un des plus intéressants monuments du Marais, l'hôtel de Juigné,
situé rue de Thorigny. Cette maison avait été construite par Aubert de Fontenay, fermier général des
gabelles, ce qui lui fit donner par le peuple le nom
dérisoire d'hôtel Salé. Plus tard, l'ambassadeur de
Venise y résida. Elle a conservé un grandiose escalier

accompagné de deux paliers parallèles et orné d'une belle rampe en fer forgé, conduisant aux appartements du premier étage dont le caractère a été en partie dénaturé. La cour a été débarrassée récemment des constructions parasites qui l'encombraient et qui avaient été élevées pour servir d'ateliers et de salles de cours à l'École centrale. Il est à désirer que l'hôtel de Juigné, actuellement sans emploi, ne disparaisse pas pour faire place à des maisons de rapport.

L'œuvre la plus originale de l'architecte Lepautre est le grand hôtel de l'ancienne rue Saint-Antoine, qui appartenait à Mme de Beauvais, première femme de chambre d'Anne d'Autriche, célèbre dans les chroniques galantes de la Cour. Gêné par la disposition du terrain, l'architecte a placé la porte principale dans un renfoncement demi-circulaire, en même temps qu'il masquait cette irrégularité sur la cour, en adoptant un plan ovale. Un vestibule orné de colonnes doriques, et un grand escalier soutenu par des colonnes corinthiennes d'une conception très ingénieuse, sont les seules parties conservées de la maison dont l'intérieur a été modernisé. Alors que la rue Saint-Antoine était la plus large artère de la ville, les cortèges officiels passaient devant l'hôtel de Beauvais [1], et plusieurs fois

---

1. Le premier tracé du chemin de fer métropolitain projeté devait entraîner la suppression complète ou partielle de l'hôtel de Beauvais, de l'hôtel de Sens et de plusieurs autres maisons anciennes du Marais. A la suite des nombreuses protestations qu'il avait soulevées, ce tracé a été modifié par l'administration. La Société des Amis des Monuments parisiens s'est heureusement employée

la reine Anne d'Autriche y prit place, notamment lors de l'entrée de Louis XIV et de Marie-Thérèse en 1660 après leur mariage.

La reconstruction de l'hôtel des Postes a entraîné la démolition de l'hôtel d'Hervart, passé ensuite à la famille d'Armenonville, où les services de cette administration étaient depuis longtemps installés. Le fabuliste La Fontaine avait trouvé une retraite hospitalière dans cette maison, et il y mourut en 1695. Jusqu'à l'instant de sa démolition la cour intérieure était restée intacte et l'on voyait à l'intérieur les lambris sculptés d'un salon et une belle rampe d'escalier qui ont été heureusement réservés lors de la vente des matériaux. L'hôtel voisin, qui sert actuellement à la Caisse d'épargne, appartenait primitivement à la famille de Thoynard. Les travaux d'agrandissement des abords du nouvel hôtel des Postes ont entraîné la diminution des deux pavillons donnant sur la rue Coq-Héron et le rétrécissement de la cour élégante de cette demeure.

L'hôtel de Toulouse occupé par les services de la Banque de France donne l'exemple d'un édifice commencé sous Louis XIII et décoré dans les premières années du dix-huitième siècle. Il fut construit par

dans cette circonstance et elle a vu ses efforts protecteurs couronnés de succès. Nous ajouterons que l'action de cette Société rayonne actuellement en dehors de la capitale, au moyen de la revue *l'Ami des Monuments*, que dirige M. Charles Normand, et qui compte déjà de nombreux adhérents dans les départements français.

François Mansart pour le ministre d'État Phélippeaux de la Vrillière, marquis de Châteauneuf, qui y avait assemblé une belle collection de tableaux. Le comte de Toulouse, fils légitimé de Louis XIV, l'acheta en 1713, et y fit exécuter d'importants travaux intérieurs par l'architecte Robert de Cotte. Les plus habiles sculpteurs ornemanistes de cette dernière époque furent appelés à réaliser les gracieuses compositions de Robert de Cotte, et leur collaboration a produit un chef-d'œuvre, la grande galerie dorée. Les peintures de la voûte, dues à François Perrier, représentent le triomphe d'Apollon et les quatre éléments. Elles ont été récemment restaurées, mais leur mérite relatif est bien distancé par le goût et la délicatesse des sculptures des panneaux exécutés par Vassé. Un escalier décoré de pilastres ioniques et de trophées conduit à cette galerie dont une trompe en saillie termine l'aspect extérieur. L'extension chaque jour croissante des affaires de la Banque a nécessité l'agrandissement de ses dépendances. Une nouvelle façade a été construite sur la rue Croix-des-Petits-Champs avec un retour sur la rue Baillif, de manière à isoler complètement cet établissement financier.

Les terrains sur lesquels s'élève la majeure partie du faubourg Saint-Germain n'avaient été pendant long-temps que des prairies dépendant de l'abbaye de Saint-Germain des Prés, mais dont les membres de l'Université avaient la jouissance. C'était le Pré-aux-Clercs qui servait de promenade et de lieu de plaisir à la jeunesse turbulente des écoles. Ces terrains devaient éveiller la convoitise des spéculateurs, et l'aliénation consentie par l'abbaye fut le signal de la création d'un quartier nouveau, composé principalement de riches et larges hôtels. Plusieurs de ces demeures ont été démolies pour faire place à des rues nouvelles ou pour être converties en propriétés de rapport, mais il en reste encore un nombre suffisant pour conserver au faubourg un caractère d'élégance artistique que ne connaît plus notre architecture moderne obligée de mesurer l'espace et d'entasser les étages les uns sur les autres. L'une des plus remarquables de ces habitations, parmi toutes celles qu'il faudrait citer, est l'hôtel de Chevreuse, resté dans la famille de Luynes depuis l'instant de sa construction par Le Muet, pour la fameuse duchesse de Chevreuse. Le passage du boulevard Saint-Germain lui a cependant enlevé son portail et la moitié de sa cour, tandis que l'on retranchait une partie de son jardin aux arbres séculaires, pour y établir l'amorce du futur boulevard d'Enfer. Ce qui reste de l'hôtel est d'une architecture simple et grandiose ; l'escalier est orné de peintures par Brunetti, représentant en perspective des portiques peuplés de personnages. Cette demeure possède encore quelques-unes des richesses que la famille de Luynes, où les goûts artistiques sont héréditaires, y avait recueillies. La collection d'antiquités et de médailles qui avait été formée par le duc de Luynes, connu par ses travaux archéologiques, a été offerte par lui à la Bibliothèque nationale.

Une autre maison, dont la destinée a été moins illustre, existe près la place Maubert. On en attribue la fondation au ministre Colbert, et la rue où elle est située a reçu le nom d'Hôtel-Colbert, pour faire revivre cette tradition inexacte, car on sait que c'est Goret de Saint-Martin, maître des comptes, qui l'a fait construire. Le logis, aujourd'hui occupé par des petits industriels, a les murs de sa cour intérieure revêtus d'une suite de bas-reliefs exécutés dans un style assez lourd par Thibaut Poissant, sculpteur-ornemaniste du dix-septième siècle, qui a appartenu à l'ancienne Académie de peinture et de sculpture.

XVIIIᵉ SIÈCLE

L'étude des monuments construits pendant la période correspondant aux règnes de Louis XV et de Louis XVI montre les modifications qui s'étaient introduites dans les mœurs et dans les idées de la société. Aux croyances naïves du moyen âge et aux élégances seigneuriales de la Renaissance avaient succédé des doctrines philosophiques et des découvertes scientifiques qui devaient enfanter la révolution de 1789. Désormais la construction des grands monuments religieux est abandonnée, tandis que la municipalité, dont le rôle grandissait chaque jour, multiplie les améliorations matérielles et morales de la cité, et que les demeures des financiers ou de la bourgeoisie se développent sur l'emplacement des résidences princières condamnées à la division.

La nouvelle église de l'abbaye de Sainte-Geneviève est le dernier exemple d'un important monument religieux édifié à Paris pendant le dix-huitième siècle. Les vicissitudes de sa construction furent longues et laborieuses. L'abbaye de Sainte-Geneviève avait été fondée par le roi Clovis au point culminant de la colline voisine de son palais. Cette éminence, — le mont gallo-romain Leucoticius? — qui domine la rive gauche de Paris, fut dédiée à sainte Geneviève lorsqu'elle y fut enterrée en 512. Les bâtiments du couvent, ruinés par les Normands, furent rétablis au neuvième siècle. L'église de l'abbaye, qui se développait parallèlement à celle de Saint-Étienne du Mont, sur l'emplacement de la rue Clovis, avait été reconstruite au treizième siècle; mais il en reste des chapiteaux et des fragments qui remontent au onzième. La tour qui accompagnait le chœur, et qui seule est restée debout, porte également les traces de restaurations successives, sa base étant de style roman, tandis que les deux étages supérieurs sont l'un du quatorzième, et l'autre du quinzième siècle. Cette tour était surmontée primitivement d'une flèche, reconstruite après un incendie survenu en 1483 et aujourd'hui disparue.

Les religieux, trouvant que leur église menaçait ruine et ne répondait plus à sa destination, demandèrent, en 1757, l'autorisation d'en construire une plus somptueuse. Les travaux commencèrent sur les dessins de l'architecte Soufflot; mais les ressources étant insuffisantes, il fallut demander une contribution royale et avoir recours aux ressources de la loterie. Le plan du monument présente une croix grecque formant quatre nefs qui se réunissent en un point central au-dessus duquel est élevé un dôme d'une hauteur vertigineuse. La façade principale est ornée d'un péristyle à six colonnes de face, imité de celui du Panthéon à Rome et élevé sur un perron de onze marches. Malheureusement le terrain manquait d'assiette, et bientôt des déchirements se produisirent dans les piliers de la coupole ; il fallut les consolider par des massifs en maçonnerie et doubler les fondations dans la partie voisine des catacombes. Ce dernier travail fut exécuté par Rondelet, après la mort de Soufflot. Le nouvel édifice, conçu d'après les modèles de l'antiquité, se prêtait mal au service du culte religieux : c'était plutôt un temple qu'une église ; mais la sculpture des chapiteaux, la grâce des corniches et la délicatesse des profils sont l'œuvre d'un artiste heureusement doué. L'église n'était pas entièrement achevée quand la Révolution décida qu'elle serait convertie en Panthéon, pour servir de sépulture aux grands hommes de la France. On y transporta les dépouilles mortelles de Mirabeau, de Voltaire et de Jean-Jacques Rousseau ; mais leurs tombeaux ne tardèrent pas à être violés par suite des revirements politiques qui eurent leur contre-coup sur la destination du monument. Ne viendra-t-il pas un moment où les deux systèmes opposés, qui à six reprises différentes ont déjà amené l'affectation ou la désaffectation du Panthéon, s'entendront pour se tolérer réciproquement dans cette enceinte, en mettant un terme à des revanches politiques qui semblent puériles quand elles s'exercent sur des édifices ? La décoration du Panthéon se ressent de ces variations. Le fronton du portique est occupé par un immense bas-relief de David d'Angers représentant la Patrie distribuant les palmes de l'Immortalité aux grands hommes, exécuté sous le gouvernement de Juillet, tandis que

L'ÉGLISE DE SAINTE-GENEVIÈVE (PANTHÉON)
(XVIIIe siècle)

la coupole est ornée d'une peinture de Gros représentant l'apothéose de sainte Geneviève, commencée par

le premier Empire et achevée par la Restauration. Le gouvernement a commandé, il y a quelques années, une série de sujets religieux et de statues dont une partie a été mise en place. Cette décoration, confiée à MM. Bonnat, Laurens, Puvis de Chavannes et Cabanel, et qui n'est pas encore achevée, n'est déjà plus en rapport avec l'état de choses actuel.

La majeure partie des bâtiments de l'ancienne abbaye subsistent tels qu'ils étaient au moment de sa suppression ; ils servent actuellement au lycée Henri IV. Malheureusement les architectes chargés des travaux d'appropriation n'ont pas respecté les anciennes façades qui sont presque partout replâtrées et modernisées. La chapelle du lycée occupe de nos jours le grand réfectoire du couvent ; c'est la seule salle, remontant au moyen âge, qui soit restée intacte.

La bibliothèque rassemblée par les Génovéfains était célèbre dans le monde savant ; ils y avaient joint un cabinet de médailles et d'antiquités, qui plus tard est venu se fondre dans celui de la Bibliothèque nationale. Cette collection de livres occupait à l'étage supérieur du couvent quatre galeries transversales, qui venaient se réunir autour d'une coupole centrale. Ces galeries, garnies d'armoires en bois sculpté dans le style du dix-huitième siècle, étaient décorées d'une suite de bustes représentant des savants et des écrivains illustres. L'ancienne bibliothèque sert maintenant de dortoir aux élèves du lycée, et les livres après avoir été déposés provisoirement dans les bâtiments de l'ancien collège de Montaigu se développent à l'aise dans un vaste bâtiment spécial, qui a été construit par l'architecte Labrouste, sur la place du Panthéon. La nouvelle bibliothèque Sainte-Geneviève est une des plus riches de Paris, elle compte environ 170,000 volumes imprimés et 4,000 manuscrits.

Pour servir d'accompagnement à la façade de sa nouvelle église, Soufflot avait commencé en 1771 la construction des bâtiments de l'École de droit, qui n'a été achevée qu'en 1823. La disposition de ce bâtiment réclamait une autre façade parallèle, qui est affectée aux services de la mairie du cinquième arrondissement.

Après l'église Sainte-Geneviève il serait difficile de citer d'autres monuments religieux d'une véritable importance, érigés à Paris pendant le dix-huitième siècle. Nous nous bornerons à indiquer l'église Saint-Philippe du Roule, bâtie par Chalgrin de 1769 à 1784, et où l'on n'a guère à remarquer que la peinture de l'hémicycle du sanctuaire, par Th. Chasseriau ; celle de Saint-Louis d'Antin, dépendant autrefois du couvent des Capucins et édifiée sur les dessins de Brongniart. Les bâtiments de la maison sur la façade desquels étaient encastrés des bas-reliefs de Clodion sont actuellement occupés par le lycée Condorcet, et enfin le temple protestant de Pentémont, dû à Contant d'Ivry, en 1747, ancienne chapelle de l'abbaye de Notre-Dame de Pentémont, dont l'enceinte est actuellement convertie en caserne.

Les architectes du règne de Louis XV trouvèrent une meilleure occasion de déployer leur talent ravivé par l'étude des œuvres de l'antiquité, lorsqu'ils furent chargés de construire des monuments destinés à des services publics. Ils ont laissé en ce genre plusieurs édifices, qui sont un sujet d'admiration pour nous. Leur création la mieux inspirée est l'ensemble des bâtiments du Garde-Meuble et de la place Louis XV, dont l'idée première remonte à l'année 1748, lors de la maladie du roi à Metz, et qui se trouve si heureusement encadré par la terrasse du jardin des Tuileries et les massifs des Champs-Élysées. Le plan général a été dessiné par Gabriel, premier architecte du roi. Il a disposé, dans la partie de la place parallèle à la rivière, deux massifs de constructions formant une colonnade à jour et terminées par deux pavillons. L'un de ces bâtiments était destiné au Garde-Meuble de la couronne, et le second devait être occupé par des particuliers. Les richesses du Garde-Meuble n'y restèrent pas longtemps ouvertes au public ; elles furent en partie pillées ou vendues à l'époque de la Révolution, et ce qui en restait a été installé dans les bâtiments de l'île des Cygnes où des salles d'exposition leur sont réservées. L'hôtel de la place Louis XV fut ensuite affecté aux services du ministère de la Marine.

Le centre de la place était occupé par un groupe

LA PLACE DE LA CONCORDE (XVIIIᵉ SIÈCLE)

équestre, représentant Louis XV, entouré des quatre Vertus. La statue commandée à Bourchardon fut terminée par Pigalle. Tout autour de la place régnait une enceinte de fossés bordés de balustrades, à l'intersection desquels s'élevaient des socles carrés en forme de pavillons. Lors de la chute de la Royauté, la statue fut renversée, et la place reçut le nom de place de la Concorde, qu'elle a conservé depuis. On y apporta alors deux groupes équestres sculptés par Coustou, pour l'abreuvoir du château de Marly, et on les plaça à l'entrée des Champs-Élysées, où ils forment pendant avec les deux Renommées à cheval de Coysevox, que l'on voit sur la terrasse des Tuileries. Après plusieurs transformations provisoires, le gouvernement de Juillet chargea l'architecte Hittorf de dessiner un projet de décoration nouvelle pour la place. Un obélisque de granit, tiré des ruines de Louqsor en Égypte, fut dressé par l'ingénieur Lebas ; il neutralise par son caractère étranger les souvenirs de nos dissensions politiques, attachés au point central de la place. Sur le même terre-plein, Hittorf disposa deux fontaines monumentales en fonte, tandis que les pieds-droits des fossés étaient surmontés de statues assises, représentant les principales villes de France. Des candélabres ornés de proues terminaient cette décoration. Quelques années plus tard les fossés furent comblés, et leur emplacement vint augmenter l'étendue de la place.

L'ouverture de la place Louis XV rendait indispensable l'établissement d'un pont, destiné à relier le faubourg Saint-Germain à la ligne des anciens boulevards. Il fut commencé en 1787, sur les plans de l'ingénieur Perronet, connu par la construction des ponts de Neuilly et de Pont-Sainte-Maxence. Les travaux furent achevés en 1790, et on y employa une partie des pierres provenant de la démolition de la Bastille. Les dés qui surmontent les culées de ce pont devaient être primitivement occupés par de grandes torchères en fer forgé. Sous la Restauration on y plaça douze statues colossales en marbre, représentant les grands hommes de la France, que l'on dut bientôt enlever, parce qu'elles écrasaient le pont. Elles sont aujourd'hui rangées dans la grande cour du palais de Versailles. Les piédestaux vides depuis cet enlèvement attendent encore un emploi définitif.

Le roi Louis XV voulut faire pour les jeunes gentilshommes pauvres, se destinant au métier des armes, ce que son aïeul avait fait pour les vieux soldats. Il fit entreprendre, en 1751, la construction d'un vaste édifice, où devaient être instruits cinq cents jeunes gens sans fortune, jusqu'à ce qu'ils eussent acquis un grade dans l'armée. Cet établissement reçut le nom d'École militaire. Les bâtiments dessinés par Gabriel, premier architecte du roi, furent achevés au moyen d'une loterie. L'École militaire, qui sert actuellement de caserne, se compose d'un pavillon central décoré de dix grandes colonnes d'ordre corinthien, au-dessus desquelles est un entablement du même style. De chaque côté se développent deux ailes rentrantes d'une élégante simplicité. A l'époque du second Empire, on a ajouté à ce corps de bâtiment deux autres pavillons, pour la construction desquels on a imité le caractère de l'œuvre de Gabriel et qui complètent la façade principale, située sur le Champ de Mars. La décoration intérieure de l'École est également d'un bon style. On y remarque un large escalier qui conduit à plusieurs salles richement décorées et garnies de tableaux militaires, et une chapelle dont la voûte est supportée par des pilastres corinthiens.

La situation de l'École militaire sur le vaste cirque du Champ de Mars contribue à augmenter l'effet grandiose de son architecture. Cette immense plaine fut disposé en 1770 pour servir de lieu d'exercice aux élèves de la nouvelle École. Son étendue la fit choisir pour être le théâtre de la fédération en 1790. Elle fut alors entourée de gradins en terrasse pour permettre au peuple de prendre part à la fête patriotique. Cette enceinte a été supprimée depuis, ainsi que la ceinture de fossés qui la bordait. Le Champ de Mars a servi de théâtre à la plupart des solennités officielles de la République et du premier Empire, et son arène a été occupée tour à tour par des revues et par des courses de chevaux. On y a construit les bâtiments des expositions universelles de 1867 et de 1878, et on y travaille actuellement à ceux de l'exposition de 1889. La surface limitrophe du quai a été récemment convertie en jardin anglais destiné au public, et une bande avoisinant les terrains de l'île des Cygnes en a été aliénée pour y établir des maisons particulières. Ces mutilations regrettables ont privé Paris du merveilleux spectacle que présentait l'ensemble du Champ de Mars, surtout depuis que la colline du Trocadéro avait été couverte des galeries en hémicycle, qui complètent si heureusement ce tableau.

L'hôtel des Monnaies est encore un monument dont l'architecture répond parfaitement à sa destination. Pendant longtemps on avait frappé les pièces royales dans une vieille maison de la rue de la Monnaie, et un autre balancier était installé dans un moulin situé sur la Seine, à la pointe occidentale de la Cité. La Monnaie avait été postérieurement logée dans une partie de la galerie du Louvre. En 1771 on posa la première pierre du monument actuel, dont les travaux furent dirigés par l'architecte Antoine, auquel on doit également la façade de la cour du Palais de Justice. On avait choisi l'emplacement de l'hôtel de Conti, où le Garde-Meuble avait été transporté après la démolition de l'hôtel du Petit-Bourbon, jeté lui-même à terre lors de l'entreprise de la colonnade du Louvre. La reconstruction de l'hôtel des Monnaies succédait à un premier projet heureusement abandonné, qui consistait à transporter l'Hôtel de Ville sur le quai de Conti, les bâtiments de Dominique de

Cortone étant considérés comme insuffisants, par suite du développement des services de la prévôté des marchands.

La façade située sur le quai forme un avant-corps de six colonnes ioniques, entre lesquelles sont ouvertes cinq fenêtres ornées de frontons triangulaires. A l'aplomb des six colonnes sont autant de statues en pierre, symbolisant les travaux de la paix. On entre dans l'intérieur par un vestibule, divisé en trois galeries ornées de colonnes doriques, et terminé par un grand escalier monumental. Les principales collections de monnaies, de médailles, de jetons et de matrices que possède cet établissement, sont exposées dans un grand cabinet de forme octogone, occupant tout l'avant-corps de la façade. Les dimensions imposantes de cette salle et la richesse de sa décoration en font l'une des plus intéressantes œuvres artistiques du dix-huitième siècle.

On commença à la même époque les travaux de construction de l'École de chirurgie, sur un terrain occupé auparavant par le collège de Bourgogne. L'architecte Gondouin s'acquitta habilement de cette tâche. L'édifice comprend quatre corps de bâtiments, au milieu desquels se trouve une cour rectangulaire. Au fond de cette cour s'élève un portique, soutenu par six colonnes corinthiennes, au-dessus desquelles est un fronton, sculpté par Berruer. On doit au même sculpteur le long bas-relief qui décore la façade donnant

sur la rue, au-dessus de la porte d'entrée. A l'époque
de la Révolution, l'École de médecine, qui avait été
longtemps installée rue de la Bûcherie, dans un pavillon de forme circulaire aujourd'hui défiguré par des
constructions parasites, fut réunie à l'École de chirurgie, et le nouvel établissement prit le nom d'École
de médecine.

Une clinique spéciale avait été construite dans le
goût antique, vis-à-vis les bâtiments de l'École de
chirurgie, sur la place de l'École-de-Médecine. On y
accédait par un portique, soutenu par deux colonnes
imitées du temple de Pæstum, au milieu duquel se
trouvait une statue d'Esculape. Cet hôpital vient d'être
reconstruit sur une plus large échelle, et son périmètre s'étend actuellement jusqu'aux rues Monsieur-
le-Prince et Racine et à la rue de l'École-de-Médecine. La partie de ses collections qui porte le nom
de Musée Dupuytren occupe un grand bâtiment
du quinzième siècle, servant autrefois de réfectoire
aux Cordeliers, qui possédaient sur cet emplacement
un vaste couvent, fondé en 1230 par saint Louis. Leur
église, aujourd'hui disparue, avait été incendiée en 1580
et rebâtie peu d'années plus tard. Cet incendie
entraîna la perte ou la dispersion d'une précieuse série
de tombeaux de princes de la famille de saint Louis,
dont quelques-uns seulement ont été recueillis à
Saint-Denis.

L'École de médecine elle-même a été augmentée

dans des proportions considérables et elle a été dotée d'une nouvelle façade sur le boulevard Saint-Germain. Elle est actuellement isolée sur ses quatre façades. Ces travaux d'agrandissement, conduits par M. Ginain, ont permis de donner plus d'extension à la bibliothèque de l'École, actuellement riche de près de 100,000 volumes, au musée d'anatomie comparée fondé par le célèbre Orfila et aux amphithéâtres des cours, trop restreints pour le nombre des élèves inscrits.

Les projets adoptés pour l'achèvement de l'hôpital clinique de l'École doivent entraîner la disparition des bâtiments de l'ancienne École gratuite de dessin placée en 1767 sous la direction du peintre Bachelier. Cet établissement, d'où sont sortis une partie des artistes et des dessinateurs qui ont élevé si haut notre industrie artistique, porte aujourd'hui le titre d'École nationale des arts décoratifs. Ses cours sont installés dans un élégant pavillon à coupole du dix-septième siècle, ancien amphithéâtre de Saint-Côme, appartenant à la confrérie des chirurgiens, dont les proportions exiguës ne sont plus en rapport avec l'affluence des jeunes gens qui viennent y étudier les principes du dessin. Plusieurs projets ont été successivement proposés pour la reconstruction de cette école, mais aucun n'a encore été adopté définitivement.

Le nombre des hôtels particuliers allait en crois-

sant chaque jour ; c'était le résultat de l'accroissement de la richesse publique et le témoignage du
goût pour les arts qui signalait la société raffinée du
temps. Il faut reconnaître au reste que jamais nos
architectes ne furent mieux inspirés, et qu'ils produisirent à l'envi des modèles inimitables de décoration

LA CHAMBRE DES DÉPUTÉS (ANCIEN PALAIS BOURBON)
(xixe siècle)

intérieure et d'élégance confortable. Parmi toutes ces
demeures dont la description exigerait une longue
étude, on peut en citer quelques-unes en raison de
leur importance exceptionnelle ou des souvenirs historiques qu'elles rappellent.

Le plus connu est l'hôtel construit en 1718 sur les
dessins de Mollet pour le comte d'Évreux. Il fut en-

suite acquis par la marquise de Pompadour et tomba
en 1773 en la possession du financier Beaujon qui se
plut à l'embellir et à y rassembler une belle collection
d'objets d'art. Il retourna dans les mains du roi qui
se proposait d'y établir un hôtel destiné aux ambassadeurs extraordinaires. Malgré cela, la duchesse de
Bourbon en fit l'acquisition quelques années plus
tard, et lui donna le nom d'Élysée-Bourbon. L'Élysée
devint un jardin public pendant la Révolution et fut
habité par Murat avant son départ pour Naples. Napoléon Ier s'y retira en 1815, et y signa son abdication.
Sous la Restauration le palais devint la demeure du
duc de Berry jusqu'à sa mort en 1820, et reprit le nom
d'Élysée-Bourbon. Le prince Napoléon Bonaparte,
président de la République, y séjourna jusqu'à son
avènement au trône impérial; il y fit exécuter par
l'architecte Lacroix de grands travaux de restauration
et d'agrandissement, dans l'intention d'y demeurer
pendant le temps que durerait la reconstruction
projetée du palais des Tuileries. Le palais de l'Élysée
est actuellement la demeure officielle du président de
la République française.

L'extérieur du palais a été entièrement modernisé
sous le deuxième Empire, mais les appartements intérieurs conservent de belles boiseries et des peintures
décoratives datant de la première moitié du dix-huitième siècle. D'autres pièces rappellent le caractère
du premier Empire. Quelques-uns des salons ont été

imités des modèles qui font partie du palais de Fontainebleau. L'Élysée est accompagné d'un grand jardin dont les arbres séculaires dominent les massifs des Champs-Élysées.

A peu de distance de l'Élysée et presque à l'entrée du faubourg Saint-Honoré, se trouve l'ancien hôtel des ducs de Charost, habité sous le premier Empire par la princesse Borghèse et occupé actuellement par l'ambassade anglaise.

Le palais de la Chambre des députés est installé dans les bâtiments de l'ancien hôtel construit en 1722 pour la duchesse douairière de Bourbon, sur des terrains vagues dépendant du Pré-aux-Clercs. Son architecte Girardini établit devant la façade postérieure une terrasse dominant le cours de la Seine. La belle perspective dont on y jouissait fut encore doublée lors de la création de la place Louis XV, qui se trouvait dans l'axe de cette demeure. Le même architecte avait bâti, pour le marquis de Lassai, un second hôtel répétant sur une moindre échelle les dispositions de l'hôtel de Bourbon auquel il était réuni par un passage souterrain. Ce dernier hôtel sert aujourd'hui de résidence au président de la Chambre. Les deux maisons furent réunies et agrandies par le prince de Condé, qui y dépensa des sommes considérables de 1765 à 1775. Depuis la Révolution le palais Bourbon a reçu une destination politique, et il a été successivement occupé par le conseil des Cinq-Cents, par le

Corps législatif et par les Chambres des députés des différents régimes.

Les premiers aménagements nécessités par l'établissement du conseil des Cinq-Cents furent dirigés par les architectes Poyet, de Gisors et Lecomte. La salle menaçant ruine, M. de Jolly fut chargé en 1822 d'en reconstruire une autre et de coordonner entre elles toutes les parties de l'édifice, qui se ressentaient de leur première destination. Après 1815, le palais Bourbon rendu au prince de Condé fut acquis par l'État. Le reste des bâtiments, comprenant les dépendances et les appartements du petit hôtel, fut ensuite cédé au gouvernement par le duc d'Aumale, héritier du dernier prince de Condé. C'est aux travaux commencés successivement pour l'appropriation de ces parties hétérogènes, que l'on doit le grand péristyle situé dans l'axe du pont de la Concorde et qui a remplacé l'ancienne terrasse du palais, tandis que la façade s'ouvrant sur la rue de l'Université et la cour du palais présentent encore l'aspect que leur avait donné Girardini. Le portique qui forme aujourd'hui la façade principale domine un grand perron sur lequel sont placées des statues colossales en marbre représentant des législateurs célèbres, que les rigueurs de notre climat ont gravement endommagées. Sous le second Empire on ouvrit une grande galerie pour relier le palais à la Présidence, dont le rez-de-chaussée conserve quelques salons ornés de boiseries sculptées pour M. de Lassai.

La salle des séances qui présente de belles proportions est richement décorée de colonnes en marbre de Carrare, à chapiteaux de bronze doré et de cais-

PALAIS DE LA LÉGION D'HONNEUR (ANCIEN HOTEL DE SALM)
(xviii⁰ siècle)

sons sculptés. Les peintures de la salle du Trône sont l'œuvre principale d'Eugène Delacroix. La Chambre possède une bibliothèque riche de 150,000 volumes, dans laquelle on remarque des manuscrits précieux ; elle est installée dans une galerie également peinte par Delacroix. Les autres salles du palais ont été ornées de peintures et de sculptures exécutées sous le règne de Louis-Philippe, mais le style général de leur décoration est d'un effet froid et classique.

Plusieurs administrations sont établies dans des hôtels du faubourg Saint-Germain construits au dix-huitième siècle et en partie modernisés. Il serait difficile de reconnaître le dernier hôtel de Conti devenu ensuite l'hôtel de la Marche, dans l'ancien ministère des Postes situé rue de Grenelle, si quelques boiseries sculptées et des dessus de porte ne trahissaient sa première destination. La même remarque peut se faire pour l'hôtel de Brissac, devenu ensuite l'hôtel de Forbin-Janson, et occupé par la mairie du VIIᵉ arrondissement. Le dessin de la porte primitive était de l'architecte Boffrand. L'hôtel de Sens, également rue de Grenelle, et bâti par Lassurance, sert aujourd'hui de local à l'École de guerre. Le ministère de l'Instruction publique est installé dans l'ancien hôtel de Rochechouart, bâti par Cherpitel; celui des Travaux publics dans l'hôtel Molé, construit par Lassurance et décoré par Le Roux, et celui de l'Agriculture dans les bâtiments de l'hôtel de Villeroy. Le Crédit foncier occupe l'hôtel Villequier, et la Justice militaire tient ses séances dans la demeure de la comtesse de Verne, l'une des raffinées du dix-septième siècle. La Caisse des consignations et de l'amortissement occupe l'ancien hôtel de Belle-Isle, bâti par l'architecte Bruand, pour le duc de Choiseul-Praslin, mais les bâtiments en ont été presque entièrement refaits après les incendies allu-

més en 1871 dans la rue de Lille. A peu de distance se
rencontre le palais de la Légion d'honneur, gracieuse
et originale construction élevée en 1786 pour le prince
de Salm, sur les dessins de l'architecte Rousseau. Ce
palais se trouve circonscrit par le quai d'Orsay et par
les rues de Lille et de Bellechasse. On y accède par
une arcade faisant le centre d'une double colonnade
d'ordre ionique qui environne toute la cour d'honneur. La façade principale est terminée par deux pavillons latéraux. Au fond de la cour est un portique
orné de six colonnes et surmonté d'un attique. Ce
pavillon se répète sur la façade regardant la Seine, en
formant une rotonde où est situé le salon principal.
Le palais de la Légion d'honneur fut partiellement
incendié en 1871, mais il a été restauré au moyen
d'une souscription à laquelle ont pris part tous les
membres de l'ordre. La restauration des salons a été
complétée par une série de plafonds et de peintures
commandés par l'État.

Avec l'hôtel de Salm, la demeure seigneuriale qui a
le mieux gardé sa physionomie est l'hôtel des princes
de Soubise, dans lequel est conservé le dépôt de nos
archives nationales. Cet hôtel a été commencé en
1706 sur les dessins de Le Maire. Il occupe, à l'angle
des rues des Archives et des Francs-Bourgeois, l'emplacement de l'ancienne demeure du connétable de
Clisson, dont la porte d'entrée surmontée de deux
tourelles du quinzième siècle sert d'entrée latérale

sur la rue du Chaume. Il fut ensuite possédé par la famille de Lorraine et habité par Henri de Guise dit le Balafré, et par son frère le cardinal de Lorraine. François de Rohan, prince de Soubise, en fit l'acquisition en 1697 et y commença des travaux d'agrandissement et d'embellissement, qui durèrent jusqu'au milieu du dix-huitième siècle. La cour entourée d'une longue colonnade offre un aspect grandiose. Le bâtiment principal, plus ancien, a été revêtu d'ornements d'architecture en rapport avec le style du portique de l'entrée. Il ne reste rien à l'intérieur des peintures commandées pour la chapelle de Lorraine, mais les appartements du prince situés au rez-de-chaussée, et surtout ceux de la princesse à l'étage supérieur, sont des modèles achevés de décoration intérieure. Ils ont été exécutés par Pineau sur les dessins de Harpin. Les peintures des dessus de porte représentent des sujets mythologiques et des pastorales, où Boucher, Restout, Carle Van Loo et Trémolières ont déployé toutes les grâces de l'art français à cette époque. Le salon de Psyché est la pièce la plus remarquable de cette suite d'appartements. Natoire y a peint, dans les voussures, les amours de Cupidon et de Psyché, en même temps qu'Adam en modelait les médaillons des panneaux et de la corniche.

L'hôtel de Soubise, entré dans le domaine national lors de la Révolution, fut affecté provisoirement en 1808 au dépôt des archives nationales, jusqu'à ce qu'un grandiose bâtiment projeté sur les terrains de l'île des Cygnes fût achevé. La chute de l'Empire fit abandonner ce projet et le dépôt resta définitivement à l'hôtel Soubise. Cette immense collection de documents, qui n'a cessé depuis de s'augmenter des papiers versés par les ministères et les administrations publiques, a nécessité la construction de galeries s'étendant sur la rue des Archives et sur la rue des Quatre-Fils, dans lesquelles sont rangés les innombrables cartons et les registres qui composent ses différents fonds. Depuis quelques années on a restauré les appartements d'apparat du rez-de-chaussée et du premier étage, et on y a établi un musée où est exposé un choix fait parmi les pièces les plus curieuses du dépôt, afin de présenter une suite historique depuis l'époque mérovingienne jusqu'au premier Empire.

La demeure des Soubise communiquait avec un second hôtel, construit également par Le Maire pour Armand-Gaston, cardinal de Rohan, archevêque de Strasbourg, et dont la façade était située dans la rue Vieille-du-Temple. L'Imprimerie nationale fut établie après la Révolution dans la seconde partie de cette résidence princière. La cour de l'hôtel du cardinal de Rohan n'offre pas l'élégance de l'hôtel Soubise, toute l'ornementation architecturale ayant été réservée pour la façade donnant sur le jardin, dont l'avant-corps est formé par deux ordres superposés de colonnes ioniques surmontées d'un fronton. Dans une seconde cour qui servait au service des écuries, Le Lorrain a sculpté un grand bas-relief représentant les chevaux du Soleil conduits à l'abreuvoir. Bien que les appartements aient subi de nombreuses modifications lors de l'installation de l'Imprimerie, on y voit encore un cabinet orné d'arabesques et de scènes chinoises, par Christophe Huet, ainsi que plusieurs dessus de porte peints par Pierre.

On conserve à l'Imprimerie nationale les premiers poinçons grecs gravés sous François Ier, ainsi que les matrices de tous les caractères employés, et les types de la collection orientale. On y joint des spécimens de tous les travaux d'imprimerie et des nouveaux procédés typographiques qui s'exécutent dans cet établissement modèle.

L'une des plus somptueuses demeures de la capitale est le grand hôtel de Matignon, construit par Brongniart pour les ducs de Valentinois. La façade principale est située sur la rue de Varenne, et les jardins, les plus vastes qui appartiennent à un particulier parisien, s'étendent jusqu'à la rue de Babylone. Cet hôtel, échangé par l'État après 1815 avec la princesse de Bourbon contre le palais de l'Élysée, a été légué par cette dernière à Mme Adélaïde d'Orléans. Il appartient actuellement à Mme la duchesse de Galliéra. L'intérieur des appartements est revêtu de beaux lambris sculptés, du siècle dernier, et le peintre

Baudry y a exécuté diverses peintures. Brongniart avait également construit dans la rue Saint-Dominique une autre grande résidence pour la princesse de Monaco, mais cet hôtel est tombé il y a environ quarante ans dans les mains du banquier Hope qui en a fait renouveler toute la décoration intérieure pour la rendre plus somptueuse, en n'en conservant intacts que les magnifiques jardins.

La dernière extension des limites a fait entrer dans l'enceinte de Paris le château de la Muette qui servait autrefois de rendez-vous de chasse dans le bois de Boulogne. Le château actuel a été disposé pour la duchesse de Berry, fille du régent; il fut ensuite habité par Louis XV et appartient actuellement à Mme Érard. Il est accompagné d'un magnifique parc dessiné à la française et décoré de vases et de statues du dix-huitième siècle.

Le ministère de l'Intérieur a été transporté, sous le second Empire, de l'hôtel de Conti qu'il occupait auparavant, dans l'hôtel de Beauvau, dont la porte d'entrée s'annonce par un péristyle dorique sur la place qui fait face au palais de l'Élysée. Cet édifice, bâti sur les dessins de Le Camus de Mézières, a été complètement modernisé à l'intérieur.

A l'angle de la rue Louis-le-Grand et du boulevard des Italiens, s'élevait l'habitation du duc de Richelieu, dont l'entrée principale était située dans la rue Neuve-Saint-Augustin. Cette fastueuse demeure avait été commencée par l'architecte Pierre Levé et terminée par Chevotet. L'architecte Louis en avait dessiné la cour d'honneur et les jardins. On citait l'escalier peint par Brunetti, Eisen et Soldini. Les jardins étaient entourés de portiques en treillages sous lesquels étaient placées les meilleures statues antiques de la collection du cardinal de Richelieu, et les *Esclaves* de Michel-Ange. Il ne reste de toutes ces splendeurs que le pavillon rond qui forme l'encoignure de la rue Louis-le-Grand et qui, après la campagne du maréchal en Allemagne, avait reçu le nom de pavillon de Hanovre. Le duc de la Vrillière s'était fait construire par Chalgrin, à l'angle de la rue Saint-Florentin, un hôtel qui passa depuis en la possession de la duchesse de l'Infantado. Après avoir servi de dépôt au mobilier destiné à la vente pendant la Révolution, il fut acquis par le prince de Talleyrand, et appartient actuellement au baron Alphonse de Rothschild qui y a réuni une magnifique collection d'objets d'art. On parvient aux appartements du premier étage par un large escalier dont le plafond a été peint par Barthélemy.

Le monde de la curiosité a été intéressé récemment (1887) par l'annonce de la mise en vente des boiseries sculptées qui garnissaient un hôtel de la rue du Bac, construit par le fils du financier Samuel Bernard. Bien que l'on n'ait pas conservé le nom des artistes qu'il avait chargés de cette entreprise, il y a trop de rapports entre le style de ces boiseries et celui des appartements de l'hôtel de Soubise pour en attribuer le dessin à un autre qu'à Boffrand. Le grand salon ovale de cet hôtel, qui ne pouvait être comparé qu'à celui des Archives nationales où sont peintes les amours de Psyché, et aux appartements particuliers de Louis XV à Versailles, a été acquis à un prix très élevé par un amateur millionnaire, qui se propose de le faire rétablir à Paris. Il est heureux que ce chef-d'œuvre de décoration française ne soit pas passé à l'étranger, comme on l'avait craint.

On peut encore citer la fontaine de la rue de Grenelle comme l'une des plus gracieuses conceptions de notre école. Ce monument a été entièrement composé et exécuté par le sculpteur Bouchardon; aussi présente-t-il un caractère d'unité que l'on ne rencontre plus dans les édifices modernes dont l'achèvement est fractionné entre plusieurs artistes. Cette fontaine est formée d'un avant-corps et de deux ailes qui décrivent un demi-cercle. Le groupe principal se compose de trois figures en marbre et représente la ville de Paris assise sur la proue d'un vaisseau, de chaque côté duquel sont la Seine et la Marne couchées sur des armes. Au-dessus est un portique soutenu par des colonnes d'ordre ionique. Quatre statues de pierre de Tonnerre sont placées dans les niches des ailes; au-dessous sont des bas-reliefs à sujets d'enfants se jouant. Bouchardon s'est montré dans ce monument aussi gracieux décorateur qu'habile sculpteur.

Malgré les périls que courent ces édifices, il reste encore à Paris plusieurs salles de théâtre antérieures à la Révolution. La plus ancienne est celle qui fut occupée par la Comédie-Française de 1689 à 1770 et qui est située dans la rue de l'Ancienne-Comédie. Cette salle en partie démolie sert aujourd'hui de magasin à un marchand de papiers. La Comédie quitta ce local et resta jusqu'en 1799 installée dans le théâtre de l'Odéon, bâti par les architectes de Wailly et Peyre, sur l'emplacement de l'hôtel de Condé. La partie la mieux comprise de ce dernier théâtre est le vestibule et le grand escalier avec les deux promenoirs parallèles qui servent de foyer. Il fut incendié en 1799 et reconstruit en 1818 sur le même plan. La salle de l'Opéra au Palais-Royal ayant été incendiée en 1781, Le Noir fut chargé d'en reconstruire une autre provisoire sur le boulevard Saint-Martin. Ce théâtre terminé en moins de quatre mois a été depuis occupé par la troupe de la Porte-Saint-Martin et incendié en 1871. Il a été reconstruit quelques années après cette destruction.

XIXe SIÈCLE

Le régime révolutionnaire ne dura pas assez long-temps, et il eut une existence trop agitée pour qu'il ait songé à élever des monuments importants. De plus, le nouveau domaine public possédait tant d'églises et de couvents supprimés, tant d'hôtels et de maisons confisqués, que la préoccupation du gouvernement était bien plus de tirer parti de ces propriétés en les aliénant ou en y établissant des services publics, que d'entreprendre des constructions nouvelles. Ce fut sous le régime consulaire et lors de l'avènement du premier Empire que s'ouvrit une série de travaux. Napoléon Ier, épris des idées antiques, tenait à faire revivre dans les murs de sa capitale les monuments de forme héroïque, consacrés à la gloire des armées commandées par lui. Il décréta la construction de grandes voies, de colonnes triomphales, d'arcs de triomphe, de temples et de ponts destinés à rappeler des souvenirs victorieux, que la fin de son règne devait tristement effacer. L'un de ses premiers soins fut d'entreprendre l'achèvement de la réunion du Louvre et des Tuileries, en commençant la galerie parallèle à la rue de Rivoli. Cette dernière voie fut prolongée depuis le pavillon de Marsan jusqu'à la place de la Concorde et

traversée dans son point central par la rue de Castiglione
et par la rue de la Paix. Il fit ériger sur la place Vendôme
la colonne de la grande armée, œuvre des architectes
Gondouin et Lepère, qui travaillaient sous la direction de Denon. Ce monument, imité de la colonne
Trajane à Rome, est revêtu d'un bas-relief en spirale
dont les sujets sont empruntés à la campagne de 1805.
Le bronze dont il est composé provient des canons
pris à l'armée autrichienne. Au sommet de la colonne
s'élevait une statue de l'empereur en costume antique,
qui, après avoir été enlevée lors de la Restauration,
fut remplacée sous le gouvernement de Juillet par la
statue populaire de Bonaparte en redingote grise. Le
deuxième Empire rétablit l'effigie impériale, mais quelques années plus tard, le fût de la colonne était renversé par la Commune qui le laissa étendu sur le sol.
La colonne a été rétablie dans son état primitif en 1874.
Une deuxième colonne moins importante fut consacrée
à nos armées victorieuses en 1808. Elle occupe une
partie de l'emplacement de l'ancien Châtelet, siège de
la prévôté royale. Au sommet, figure une statue de la
Victoire en plomb doré, par Bosio; le fût est formé
de tiges de palmier réunies par des anneaux portant
des inscriptions. Par suite du percement du boulevard
de Sébastopol et de la reconstruction du Pont-au-
Change, ce monument ne se trouvant plus dans l'axe
régulier fut transporté d'un seul bloc au milieu de la
fontaine disposée entre la rue Saint-Denis et le boule-

ARC DE TRIOMPHE DE L'ÉTOILE (XIXᵉ SIÈCLE)

vard de Sébastopol, au centre de la nouvelle place du Châtelet.

On commençait presque en même temps (1806) l'arc de triomphe de la cour du Carrousel, répétition de celui de Septime-Sévère, à Rome, et qui est resté l'une des meilleures œuvres des architectes Percier et Fontaine. Le monument le plus grandiose que l'Empire ait entrepris est l'arc de triomphe de l'Étoile s'élevant sur le point culminant de l'avenue des Champs-Élysées, et qui termine si heureusement la perspective de cette longue promenade. Les travaux furent commencés en 1806, mais ils furent interrompus en 1813 et furent mollement conduits sous le gouvernement de la Restauration, qui voulait le consacrer à l'expédition du duc d'Angoulême en Espagne. Il ne fut achevé que sous le règne de Louis-Philippe, mais son sommet attend encore un couronnement indispensable. Les proportions de l'arc de triomphe de l'Étoile sont colossales ; la hauteur totale du monument s'élève à 45 mètres, et celle du grand arc sous clef de voûte à 29 mètres. Si certaines parties de cette porte triomphale, notamment la corniche, sont traitées dans le style froid et classique du régime impérial, la masse générale produit un grand effet, et fait honneur aux talents réunis de Chalgrin, de Fontaine, d'Huyot et de Blouet qui en ont été les architectes successifs. De belles sculptures décorent les pieds-droits de l'arc, et le groupe de Rude, *le Départ*, est l'une des œuvres les mieux inspirées et les plus vivantes de notre école.

Le projet primitif de l'église de la Madeleine remonte à l'année 1753. Ce monument construit dans l'axe de la rue Royale était destiné à compléter l'aspect d'ensemble de la nouvelle place Louis XV. Il devait en même temps remplacer l'ancienne paroisse de la Madeleine de la Ville-l'Évêque qui ne suffisait plus au nombre des habitants. Les travaux furent commencés en 1764, sous la direction de Contant d'Ivry, qui fut remplacé quelques années plus tard par Couture. Celui-ci substitua au plan de son prédécesseur une colonnade circulaire et un fronton qui furent adoptés. La Révolution suspendit cette construction qui fut reprise par Napoléon. Il résolut d'en faire un temple portant sur son fronton : *L'Empereur Napoléon aux soldats de la grande armée.* Tout devait être antique et présenter l'aspect d'un musée guerrier, dans cette enceinte honorifique, dont les plans ont été ensuite profondément modifiés. La Restauration résolut de rendre au culte catholique ce monument qui ne fut achevé qu'en 1842, aux frais communs de l'État et de la ville de Paris.

Malgré la noblesse des colonnes corinthiennes qui l'entourent, le style de cet édifice ne convient pas à sa destination. Conçu comme un temple, éclairé par trois coupoles vitrées, il se prête mal aux convenances des cérémonies religieuses. L'or, les marbres, la peinture et la sculpture ont été prodigués à l'intérieur pour dissimuler ce contraste, mais sans y parvenir, bien que tous les détails de la décoration aient été exécutés par les meilleurs artistes du règne de Louis-Philippe.

Un monument mieux approprié à son sujet a été

LE PALAIS DE LA BOURSE (XIXe SIÈCLE)

construit par l'architecte Fontaine sur l'emplacement de l'ancien cimetière de la Madeleine, où Louis XVI et Marie-Antoinette avaient été inhumés après leur exécution. La chapelle expiatoire de la rue d'Anjou, sans rappeler le souvenir des nécropoles antiques, inspire le recueillement qui convient à un monument funéraire. Une longue galerie surbaissée contient les

ÉGLISE DE LA MADELEINE (XIXᵉ SIÈCLE)

restes des soldats suisses massacrés aux Tuileries. Seuls, les groupes de Bosio et de Cortot, qui représentent le roi et la reine, ne sont pas en harmonie avec le style général de la décoration. Cette chapelle a été entourée, depuis le percement du boulevard Haussmann, d'un square dans lequel on a conservé les cyprès de l'ancien enclos de la rue d'Anjou.

La Bourse est un second temple grec, entouré d'une colonnade en style corinthien, qui n'est guère mieux approprié que la Madeleine aux services administratifs qu'il renferme. Notre pays, avec ses brouillards et ses pluies, a des exigences que ne connaissaient pas les contrées habitées par les anciens, où la vie se passait à l'air libre. L'architecture de ces heureux climats ne saurait se prêter à nos besoins journaliers, et rien n'est plus disparate que les tuyaux noircis des cheminées qui surplombent la corniche du temple du Commerce. Ce monument a été bâti sur les terrains de l'ancien couvent des Filles de Saint-Thomas d'Aquin. Un décret impérial, daté de 1808, affecta cet emplacement à la réunion du tribunal de Commerce et de la Bourse qui, après s'être tenue dans l'hôtel de Mazarin sur l'emplacement du jardin, avait été ensuite transportée dans l'église des Petits-Pères. L'architecte Brongniart en donna les plans et mourut avant son achèvement; il fut remplacé par Labarre qui le termina en 1827. La grande salle intérieure de la Bourse rachète par ses belles proportions les défauts extérieurs du monument. Elle est surmontée d'un immense plafond vitré dont la voussure est ornée de peintures en grisaille qui sont la meilleure œuvre du peintre Abel de Pujol.

Le gouvernement impérial avait jeté en 1810 les fondations d'un palais situé sur le quai d'Orsay et destiné au ministère des affaires étrangères. Les travaux, arrêtés en 1814 et repris sous la Restauration, furent achevés par le gouvernement de Juillet qui résolut d'y établir la Cour des comptes et le Conseil d'État. Les dépenses entraînées par cette construction s'étaient élevées à la somme de plus de neuf millions. La cour intérieure de ce monument, disposée dans le style italien, était entourée de portiques et d'une colonnade à jour qui en rendaient le séjour incommode pendant les longs mois de notre hiver. Les salles intérieures étaient ornées de peintures parmi lesquelles on remarquait des compositions de Chasseriau. Cet édifice fut incendié en 1871, en même temps que les archives de la Cour des comptes qui lui faisaient face dans la rue de Lille. Depuis cette époque, les ruines en sont restées debout et une végétation parasite les a envahies. Il existe un projet actuellement soumis au Parlement, pour concéder cet emplacement à la Société de l'Union centrale des Arts décoratifs, qui y installerait le musée dont elle poursuit la formation.

Deux nouveaux ponts consacrés aux victoires françaises furent construits pendant la période impériale, le premier, le pont d'Austerlitz, placé dans l'axe de l'entrée principale du Jardin des Plantes, ne présente pas d'intérêt artistique ; le second, celui d'Iéna, qui établit une communication entre le Champ-de-Mars et le Trocadéro, est plus remarquable. A ses extrémités sont placés quatre groupes représentant des héros nus domptant des chevaux, imités des colosses du Monte-Cavallo à Rome. Il vaut mieux ne pas citer le pont des Arts qui offre un si piteux aspect entre les magnificences architecturales du Louvre et de l'Institut.

L'Empire avait commencé la fondation de deux établissements pour assurer la consommation. L'un, le Grenier de réserve des blés, situé sur le boulevard Bourdon, a été incendié en 1871, et les terrains sur lesquels il s'élevait furent alors aliénés .L'Entrepôt des vins qui occupe en partie l'emplacement de l'ancienne abbaye de Saint-Victor, sur le quai Saint-Bernard, n'a été achevé que sous la Restauration. Ces deux monuments d'utilité publique n'ont jamais présenté aucun caractère architectural.

En décrétant la suppression des ordres religieux, l'Assemblée constituante avait chargé une commission de désigner les œuvres de peinture et de sculpture qui devraient être recueillies, pour composer les collections du Muséum national. Alexandre Lenoir se voua à cette tâche, et il rassembla, dans les anciens bâtiments du couvent des Petits-Augustins, une quantité considérable de tableaux qui figurent maintenant au Louvre, et de sculptures ainsi que d'objets d'art de toute nature. La maison des Petits-Augustins avait été établie par la reine Marguerite de Valois, sur une portion du jardin de son hôtel qui avoisinait l'enceinte devant l'ancien logis de Nesle. Elle y fit construire, en 1608, une chapelle attenante à l'église de la maison. Lenoir fit disposer dans les différentes dépendances des Petits-Augustins des salles où étaient rangés, par grandes époques, les monuments qu'il avait arrachés aux mains des iconoclastes et des démolisseurs. Ce magnifique ensemble fut dispersé en 1816, par une ordonnance royale qui rendait à Saint-Denis et aux églises de Paris les tombeaux provenant de leurs nefs. Après ce prélèvement et la restitution faite aux familles de leurs monuments funéraires, il restait un nombre énorme de sculptures qui ont servi à constituer le musée de la sculpture française au Louvre, et les suites historiques du musée de Versailles. La même ordonnance décrétait l'établissement d'une école royale des Beaux-Arts sur l'emplacement du musée. Les travaux commencés par M. Debret ne furent achevés que sous Louis-Philippe, par M. Duban qui y déploya de grandes qualités d'élégance et d'arrangement. Il ne conserva que la chapelle où sont exposés les moulages des sculptures de la Renaissance, et la grande cour disposée par Lenoir, qui y avait transporté quelques-uns des chefs-d'œuvre de l'architec-

ture du seizième siècle, tels que la façade principale
du château d'Anet bâti par Philibert Delorme, une
des façades du château de Gaillon élevé par Georges
d'Amboise, qui sert de transition entre les deux cours
de l'école, et enfin les fragments du magnifique hôtel
de la Trémouille situé jadis dans la rue des Bourdonnais et démoli en 1841. La seconde cour, formant
un hémicycle, est également décorée de fragments
intéressants qui sont presque entièrement dévorés par
leur séjour prolongé à l'air. On y voit des bas-reliefs
à sujets mythologiques, provenant du tombeau de
Commines aux Grands-Augustins, des portiques empruntés à Gaillon, des tombes gravées, des chapiteaux
de style roman, et une grande vasque du douzième
siècle, qui servait de lavabo aux moines de Saint-
Denis. Des fragments de la décoration de l'ancien hôtel
de Torpanne à Paris et de la façade du vieux Louvre,
sont encastrés dans d'autres parties du jardin. L'école
renferme dans ses vastes dépendances une bibliothèque très riche en livres et en gravures sur les arts,
et des collections de moulages dont les principaux
sont exposés dans la cour centrale qui est recouverte
par un plafond vitré. Le grand amphithéâtre est décoré d'une large frise peinte par Paul Delaroche.
D'autres salles d'exposition ont été construites par
Duban sur le quai Malaquais. L'État vient également
d'acquérir, à la suite de ce nouveau bâtiment, l'hôtel
de Bouillon, devenu la propriété des princes de

Chimay, pour donner un plus grand développement aux ateliers et aux services de l'école.

Le gouvernement de la Restauration devait se montrer plus favorable, que celui qu'il remplaçait, aux édifices religieux, et plusieurs des églises de Paris remontent à cette époque. La paroisse de Notre-Dame de Lorette, commencée en 1824 sous la direction de l'architecte Lebas, était destinée à remplacer l'ancienne chapelle du même nom, située dans la rue Lamartine. Cette église a la forme des basiliques romaines; sur la façade est placé un portique surmonté d'un fronton et composé de quatre colonnes corinthiennes d'un aspect très maigre. L'intérieur est couvert de dorures et d'ornements plus riches que délicats. Deux des chapelles ont été peintes par Victor Orsel et par Perrin dans un sentiment tout chrétien. La basilique de Saint-Vincent de Paul, entreprise à la même date, se recommande par ces mêmes défauts et par ces mêmes qualités. Elle a été construite par Hittorff, à l'extrémité de la rue d'Hauteville, sur un terrain élevé dont il a fallu racheter la pente par plusieurs escaliers. La façade se compose d'un portique grec et de deux tours carrées d'un style bizarre. La nef est comme celle de l'église de Notre-Dame de Lorette, surmontée d'une voûte à caissons dorés, imitée des basiliques de Rome, mais les amis de l'art ne se lassent pas d'admirer la longue théorie de saints dont Hippolyte Flandrin a revêtu le développement de la frise. Une autre église située dans la rue de Turenne, au Marais, a été fondée sur l'emplacement du couvent des religieuses bénédictines du Saint-Sacrement, sous le vocable de Saint-Denis du Saint-Sacrement. Le monument construit par Godde n'offre de remarquable qu'une fresque d'Eugène Delacroix, représentant Jésus porté au tombeau.

La Restauration n'entreprit guère de grands travaux; elle se borna à continuer ceux que l'Empire avait laissés inachevés et qui furent terminés sous le règne de Louis-Philippe. L'un des premiers soins de ce dernier gouvernement fut de consacrer une colonne triomphale au souvenir des combats des trois journées de Juillet. L'emplacement choisi fut celui de l'ancienne Bastille qui depuis quarante ans était resté inoccupé, bien qu'on ait dû y élever une fontaine ornée d'un éléphant de grandeur colossale, dont le modèle en plâtre finit par tomber en ruines. La Bastille, dont le périmètre a été récemment dessiné sur le sol de la place, avait été construite par Charles V, lors de la prévôté d'Hugues Aubriot en 1370. Cette forteresse se composait de huit grosses tours rondes formant par leur réunion un quadrilatère surmonté d'une terrasse dallée. Au-dessus de la porte d'entrée se voyaient les statues du roi et d'Aubriot placées sous des dais sculptés. Au seizième siècle, les abords de la Bastille furent flanqués de courtines et de bastions, destinés à défendre la ville de ce côté. La forteresse servait également de prison, et depuis le connétable de Saint-Paul, jusqu'à Voltaire et à Latude, nombre d'écrivains et d'hommes politiques y furent renfermés. Chacune des tours portait un nom particulier; du côté de la ville étaient celles du Puits, de la Liberté, de la Berthaudière et de la Basinière; du côté du faubourg, celles du Coin, de la Chapelle, du Trésor et de la Comté. La Bastille, réunie par Sully au grand Arsenal, contenait de vastes magasins d'armes, et le général de Gribeauval y avait réuni une collection historique de modèles et de pièces intéressantes sur la balistique, qui fut pillée en 1789, lors de la prise de la forteresse.

La nouvelle colonne de Juillet fut érigée sur les dessins d'Alavoine auquel succéda Duc, qui y trouva l'occasion d'affirmer son talent sobre et classique. Le fût composé de tambours de fonte, provenant des ateliers de Fourchambault, est surmonté d'un beau chapiteau de style corinthien; toute sa surface est revêtue des noms des combattants enterrés sous la base massive de la colonne. Le chapiteau supporte une statue de Dumont représentant le génie de la Liberté; sur le piédestal, du côté de la rue Saint-Antoine, est placé un lion en bas-relief saillant, auquel Barye a su imprimer un caractère de courage et d'énergie.

Plusieurs fontaines construites à la même époque par l'architecte Visconti concourent à l'embellissement artistique de la ville. La plus importante est la fontaine Molière, élevée au moyen d'une souscription

nationale, à l'angle des rues de Richelieu et Molière.
Le grand comique est représenté assis entre deux
Muses, sous un fronton supporté par quatre colonnes.
Non loin de là, la fontaine du square Louvois, établie
sur l'emplacement de la salle de l'Opéra, démolie après
l'assassinat du duc de Berry, est ornée de quatre figures
de Naïades en fonte bronzée, qui rappellent les élégances de style de Jean Goujon et de Germain Pilon.
C'est encore de cette école que Visconti s'inspira pour
la fontaine de la place Saint-Sulpice, où il représenta
les quatre grands orateurs chrétiens : Bossuet, Fléchier,
Massillon et Fénelon, assis sous un édicule imité de
la fontaine des Innocents.

Le deuxième Empire donna un essor inconnu auparavant aux travaux d'embellissement et d'assainissement de Paris. L'établissement des chemins de fer
ayant développé une circulation commerciale à laquelle ne suffisaient plus les anciennes voies trop
étroites, il devenait nécessaire de tracer des artères
destinées à mettre le centre de la capitale en communication avec les gares et avec les nouveaux arrondissements créés dans la banlieue annexée. En même
temps, pour assurer la tranquillité intérieure, on résolut de percer de grands boulevards stratégiques dont
les événements se sont chargés de démontrer l'inu-
tilité. Enfin, il fallut assurer à la population, sans
cesse croissante, les conditions d'hygiène que réclame
la santé publique, en établissant tout un système

d'égouts et d'aqueducs comparable à celui qu'avaient réalisé les Romains. De vastes chantiers s'ouvrirent dans tous les quartiers et travaillèrent sans relâche à l'exécution de ce vaste programme édilitaire, dont l'achèvement interrompu par les événements politiques est poursuivi par l'administration municipale actuelle. Cette rénovation ne s'est pas accomplie sans exciter bien des regrets chez les archéologues qui voyaient trop souvent remplacer nos vieux monuments par des constructions colossales uniformément tracées au cordeau de l'ingénieur, et disparaître successivement les souvenirs historiques de la capitale. Mais il faut reconnaître que tous les détails de cette entreprise ont été conduits avec une largeur de vue et avec une rapidité d'exécution dont on n'avait pas encore rencontré d'exemple.

L'administration municipale avait résolu de doter chacune des paroisses de Paris d'une église suffisante pour la population; ce projet entraîna la démolition des anciennes chapelles et la construction de nombreux édifices dont plusieurs ont une véritable importance monumentale. Nous citerons : l'église Saint-Ambroise, sur le boulevard Voltaire, bâtie dans le style roman par Ballu, et dont la façade est ornée de deux flèches en pierres; celle de la Trinité, qui termine la perspective de la rue de la Chaussée-d'Antin, construite également par Ballu à l'imitation des églises italiennes de la Renaissance. La façade surmontée d'un haut beffroi est disposée en avant-corps formant porche. Elle est accompagnée d'un square destiné à masquer la différence de niveau du sol, et de trois fontaines correspondant aux arcades du porche. L'architecte Baltard a voulu unir dans l'église de Saint-Augustin, construite dans le style de la Renaissance italienne, l'emploi de la fonte avec les anciens procédés de la pierre. Il a heureusement surmonté cette difficulté dans la disposition intérieure de la coupole, mais les lignes extérieures du monument présentent un aspect fâcheux par suite de l'irrégularité du périmètre. L'église de Sainte-Clotilde, place Bellechasse, due à MM. Gau et Ballu, offre presque les dimensions d'une cathédrale du treizième siècle. Elle est surmontée de deux flèches élevées en pierre, mais le style négligé de ses sculptures est entaché d'une lourdeur générale étrangère au moyen âge. Saint-François-Xavier, sur le boulevard des Invalides, a été construit par MM. Lusson et Uchard, dans un style mixte se rapprochant de la Renaissance. La meilleure imitation de l'art du treizième siècle que l'on ait à Paris est l'église de Saint-Jean-Baptiste, bâtie à Belleville par Lassus, auquel on doit la restauration de la Sainte-Chapelle et de remarquables travaux d'archéologie. Dans cette construction, l'architecte a montré combien il s'était assimilé non seulement les procédés des anciens maîtres des œuvres, mais encore le goût qui les dirigeait dans leurs travaux. La paroisse d'Auteuil

L'ÉGLISE DE LA TRINITÉ (XIXᶜ SIÈCLE)

possédait une vieille église accompagnée d'un curieux clocher du douzième siècle, qui a été remplacée dernièrement par un vaste édifice construit par M. Vaudremer, dans le style roman. Notre-Dame de la Croix, à Ménilmontant, a été bâtie par M. Heret dans le même style. Elle est surmontée d'une grande flèche en pierre, et dans l'intérieur l'architecte a eu recours à l'emploi des colonnes en fer pour supporter les voûtes. Il faut citer l'église de Saint-Eugène, dans le faubourg Poissonnière, à cause du procédé spécial de sa construction en briques et en fonte. Mais cet essai n'a pas été heureux, et il a fallu dissimuler l'aspect maigre des ornements par une décoration polychrome poussée à l'extrême. Jusqu'ici la construction de fer ne semble pas devoir donner des résultats satisfaisants pour les édifices religieux. Notre-Dame des Champs, sur le boulevard Montparnasse, et Saint-Joseph (XXe arrondissement), sont encore des exemples d'églises imitant le style roman. Parmi les monuments des cultes dissidents, on peut citer la synagogue de la rue de la Victoire, bâtie par M. Aldrophe, dans un style néoroman, et l'église russe de la rue Daru, dont les pyramides terminées par des toits arrondis donnent un avant-goût de l'originalité de l'architecture moscovite.

La basilique votive du Sacré-Cœur, dont la construction a été commencée sur la butte Montmartre, à la suite d'un concours public, est le dernier monument religieux qui ait été entrepris à Paris. L'architecte

Abadie mort pendant les travaux a conçu le plan de cet édifice dans le style byzantin de l'église de Saint-Front de Périgueux, dont on lui doit la restauration. La basilique sera surmontée d'une tour de quatre-vingts mètres placée sur le chevet; au centre s'élèvera une immense coupole. Les fondations ont entraîné l'établissement de puits d'une profondeur énorme qui ont retardé les travaux. En ce moment la crypte est achevée et les piliers de l'église sont arrivés au tiers de leur hauteur. Par suite de sa situation exceptionnelle et de l'originalité de son architecture, ce monument semble devoir produire un grand effet perspectif lorsqu'il sera achevé.

En étendant les limites de la ville, il était nécessaire de doter les nouveaux quartiers de mairies renfermant les divers services municipaux de chaque arrondissement. Plusieurs édifices édilitaires de l'ancienne enceinte ont dû être reconstruits par suite de leur insuffisance, et tous ceux des nouveaux arrondissements surburbains ont été bâtis dans des proportions monumentales. Depuis quelques années l'administration municipale y a fait exécuter d'importants travaux de décoration qui ont fait l'objet de concours successifs. On peut citer, parmi ces maisons communales, la mairie du IIIᵉ arrondissement au-devant de laquelle s'étend le square planté sur le sol de l'ancienne commanderie du Temple, dont le donjon a servi de prison à Louis XVI et à sa famille; celles du IVᵉ et du

XI⁰ arrondissement, construites par M. Bailly, et enfin celle du XVI⁰ arrondissement dont la façade se développe heureusement sur l'avenue du Trocadéro.

Pendant longtemps, le Tribunal de commerce qui avait succédé à l'ancienne justice consulaire créée par Louis XIII, et établie dans la rue Neuve-Saint-Merri, était resté réuni à la Bourse dont il occupait une partie des salles du premier étage. Lorsque l'on entreprit les travaux du boulevard de Sébastopol et le dégagement des abords du Palais de Justice, on résolut de constituer au tribunal commercial et au syndicat des prud'hommes une existence séparée en leur affectant l'emplacement situé à l'angle du boulevard du Palais et du quai de la Cité. Le plan de cet édifice fut dressé par M. Bailly, auquel fut imposé de placer le dôme octogone qui le surmonte, dans l'axe du boulevard. Cette obligation primordiale eut pour résultat de détruire l'équilibre architectural du monument dont la partie principale n'occupe pas le centre. Malgré cette irrégularité de disposition, l'intérieur du palais présente une vaste cour centrale entourée de deux portiques superposés et couvert d'une charpente vitrée soutenue par des cariatides. On y accède par un escalier d'honneur richement décoré et à double rampe, qui occupe la coupole et dont la conception rappelle celle de l'escalier du Palais-Royal. La grande salle d'audience était ornée de quatre toiles historiques de Robert-Fleury, dont deux ont été supprimées en 1871 et doivent être remplacées par des sujets nouveaux.

Sous le deuxième Empire, Paris vit s'élever de nombreuses casernes, sorte de blockaus, destinées à commander les grandes artères de la cité. Ce sont pour la plupart d'énormes masses de pierre où l'art n'a pas beaucoup à revendiquer. Nous nous bornerons à indiquer, en raison de leur importance, la caserne du Château-d'Eau sur la place de la République, celle de la rue de Rivoli où séjourne une partie de la garde républicaine, celle de la place Lobau réunie actuellement aux services de la préfecture de la Seine, et enfin les deux casernes de la Cité, dont l'une est occupée par la Préfecture de police, tandis que l'autre sert de demeure au Préfet de police.

Le soin des approvisionnements de la ville est l'un de ceux qui ont préoccupé le gouvernement à toutes les époques, mais aucun n'avait encore adopté pour l'assurer un programme aussi complet que celui qui fut mis immédiatement en œuvre. Il faut ajouter que cette opération, la plus vaste que l'on ait entreprise en ce genre, fut admirablement bien comprise et exécutée avec une activité magistrale. Les Halles de Paris ont été répétées dans toutes les capitales de l'Europe, mais jusqu'à ce jour toutes les imitations sont restées inférieures au modèle. Les Halles devaient leur premier établissement régulier à Philippe-Auguste, bien qu'il eût existé antérieurement dans la Cité, lorsque la ville y était renfermée, un marché appelé le Marché-Palu, et situé près de Saint-Germain-le-Vieil. Le roi affecta à la vente des marchandises le terrain vague des Champeaux où furent construites deux halles pour les draps et les cuirs. Louis IX autorisa divers marchands à établir leurs échoppes le long des murailles du cimetière des Innocents. A la fin du quinzième siècle, les Halles étaient converties en grand bazar et fréquentées par les marchands forains de la banlieue, et même de la province et de l'étranger qui y avaient des magasins particuliers, portant les noms des différentes villes d'où provenaient les objets fabriqués. En 1551, on résolut d'introduire de l'ordre dans ce chaos international et on reconstruisit les Halles sur un plan qui affectait une place particulière à chaque corps de métier. C'est à cette date que remontaient les rues de la Cordonnerie, de la Grande et de la Petite-Friperie, de la Cossonnerie, de la Heumerie, de la Tonnellerie, etc. Ces rues étaient entourées de galeries couvertes, connues sous le nom de Piliers des Halles, dont nous avons vu disparaître les derniers vestiges en 1852. Ces marchés un peu disséminés et pour la plupart établis à l'air libre ne constituaient pas l'ensemble de l'approvisionnement parisien qui comprenait en outre les étaux de la grande boucherie installée depuis le onzième siècle au pied du Grand-Châtelet. Un nouveau marché pour la vente des légumes fut disposé sur l'emplacement du cimetière des Innocents, quand ce champ de repos dut être sup-

primé en 1785, par suite des dangers que ses charniers
présentaient pour la santé publique et des obstacles
qu'il apportait à la circulation. Le marché de la marée
fut à la même époque transporté dans la rue Montor-
gueil, auprès de l'ancien Petit-Carreau. En 1807, le
marché de la volaille vint occuper une halle spéciale
qui remplaçait les bâtiments du couvent des Grands-
Augustins, situé sur la rive gauche de la Seine,
et dont la vaste église, bâtie par Charles V, servait
aux assemblées de l'ordre du Saint-Esprit, fondé
par Henri III.

Le projet définitif de reconstruction des Halles
supprimait tous ces marchés particuliers, pour les
réunir dans un édifice centralisant l'approvisionnement de la capitale. Le nouveau plan était divisé en
une série de pavillons massifs en pierre, et éclairés
par le haut. Ces bâtiments que la population appela les
Forts détachés ou Forts de la Halle furent abandonnés dès le premier essai, et l'on résolut d'élever
un monument entièrement construit en fonte de fer
et en verre, qui abriterait toutes les branches de la
consommation parisienne, sous un vaste toit protec-
teur. Ce projet entraîna une dépense totale de huit
millions. Les Halles se divisent en deux grandes sections séparées par un boulevard de 30 mètres de largeur; elles s'étendent sur une superficie de 30,000
mètres. La première section comprend six pavillons
de vente; la seconde n'en contient que quatre. Tous

les différents détails de la vente en gros et en détail y sont disposés avec une méthode qui permet d'éviter l'encombrement de la foule des vendeurs et des acheteurs. Des caves ménagées sous les pavillons contiennent d'immenses magasins de réserve. L'architecture des Halles n'a pas de précédents. C'est l'œuvre originale de Victor Baltard, qui le premier a trouvé le style propre à la construction métallique, et donné à un établissement d'utilité publique le caractère artistique approprié à sa nature et à ses besoins.

On a établi, sur le modèle des pavillons des Halles, une série de marchés pour chaque quartier, sans avoir suffisamment consulté les besoins de la population qui les fréquente peu. Un seul de ces marchés se distingue par son architecture où la brique et le fer ne se marient pas très heureusement. Il est situé sur l'emplacement de la rotonde du Temple où, depuis le commencement du siècle, se tenaient les boutiques des revendeurs d'habits et de lingerie. C'était un reste des franchises du Temple, dont les privilèges protégeaient les artisans et les marchands logés dans son ancienne enceinte. Le nouveau marché du Temple a perdu son importance depuis l'établissement des maisons de confection à bon marché, et pour garnir ses boutiques clairsemées on a dû y transporter le marché Saint-Martin, exproprié par suite de la construction de la nouvelle École centrale des arts et manufactures.

A peu de distance des Halles, on avait commencé,

en 1763, les travaux d'un marché aux farines, sur les plans de l'architecte Camus de Mézières. Ce bâtiment de forme circulaire était entouré de 25 arcades et surmonté d'une coupole vitrée pour abriter les marchandises. La coupole construite en bois par les entrepreneurs Legrand et Molinos, d'après les principes de Philibert Delorme, fut incendiée en 1802 et remplacée par une charpente en fonte de fer. A cette rotonde est adossée une haute colonne à cannelures sculptées et ornées de lacs d'amour, de miroirs et des chiffres C et H enlacés, qui est surmontée d'un large chapiteau toscan formant terrasse. C'est là que Catherine de Médicis et son astrologue Ruggieri montaient pour interroger les astres, d'après la tradition populaire. Cette colonne est le seul vestige du grand hôtel que la reine s'était fait construire par son architecte Jean Bullant, et qui prit ensuite le nom d'hôtel de Soissons. C'était le séjour qu'elle préférait, et elle y avait réuni une collection d'objets de curiosité qui fut pillée et vendue après sa mort, pour satisfaire ses nombreux créanciers. Lorsque l'hôtel de Soissons eut été aliéné par la Ville pour l'établissement de la Halle, l'écrivain Bachaumont se rendit acquéreur de la colonne de Médicis et l'offrit à la municipalité de Paris, afin d'en empêcher la destruction.

La Halle au blé est en ce moment l'objet de grands travaux de transformation. Reconnue inutile comme marché, elle est destinée à devenir le siège de la

Bourse du commerce qui jusqu'ici se tenait provisoirement dans le palais de la Bourse. L'ancienne coupole qui seule sera conservée doit être augmentée de constructions annexes très importantes, en même temps que l'achèvement de la rue du Louvre jusqu'à la rue Étienne-Marcel, et les dégagements du nouvel Hôtel des Postes, entraînent la modification complète de cette partie du quartier Saint-Honoré.

Le service des approvisionnements de Paris a été complété par l'établissement d'un immense Marché aux bestiaux construit à la Villette, à proximité du canal Saint-Denis et du chemin de fer de ceinture, qui le met en communication avec les divers réseaux de nos voies ferrées. On a transporté au milieu de la cour l'ancienne fontaine du Château-d'Eau, dont le bassin est supporté par huit lions en fonte, copiés sur ceux de l'Alhambra de Grenade. Auprès du marché aux bestiaux se trouvent les Abattoirs, dont les cours nombreuses reçoivent les animaux destinés à la consommation journalière. Bien que ces deux établissements ne présentent pas de caractère monumental, on peut les citer comme réalisant toutes les conditions que réclamait leur appropriation à ces services spéciaux, et leur échelle répond à l'importance des nouveaux édifices entrepris dans ces dernières années par l'administration municipale.

On termine en ce moment l'établissement d'un nouvel Entrepôt des vins, sur l'emplacement d'une partie de l'ancienne commune de Bercy. Conçus sur un plan grandiose, ces nouveaux magasins se développent en bordure sur la rive de la Seine et à proximité des gares des chemins de fer de Lyon et d'Orléans. Dans leur périmètre aussi étendu que celui de nombre de cités importantes, seront installées les caves ou chais des commerçants-entrepositaires qui y trouveront aussi une bourse spéciale, des bureaux et des restaurants. Les constructions de Bercy, en raison de leur aménagement bien compris, amèneront probablement l'abandon de l'ancien Entrepôt du quai Saint-Bernard qui occupe, depuis 1813, une partie des terrains de l'abbaye de Saint-Victor.

Le nombre croissant des voyageurs avait rendu insuffisantes les gares construites par les lignes de chemin de fer, alors qu'elles ne dépassaient pas un certain rayon. Il fallut bientôt les remplacer par d'autres bâtiments en rapport avec l'importance des contrées qu'elles desservaient. Seule la compagnie du chemin de fer de l'Est a conservé la belle gare commencée en 1847 par M. Duquesney, et qui a servi souvent de modèle à des édifices du même ordre. La principale façade est composée d'une colonnade servant de portique au rez-de-chaussée et terminée par deux pavillons carrés. Au-dessus de la colonnade vient s'appuyer un grand pignon bordé d'une corniche formant fronton, et percé au centre d'une grande rose demi-circulaire. Devant l'embarcadère se trouve le boulevard de Strasbourg, la première des grandes voies ouvertes à Paris, qui le met en communication avec les boulevards et dont le parcours sectionne la ville en deux parties égales, par le prolongement des boulevards de Sébastopol et de Saint-Michel. Les Compagnies du chemin de fer de Lyon et du chemin de fer d'Orléans sont aujourd'hui en possession de gares d'un style plus simple, dont les dimensions considérables répondent au mouvement des voyageurs et à l'importance du trafic commercial. La gare du Nord a été construite avec des préoccupations plus artistiques, par M. Hittorff, qui a décoré son vaste développement de figures de villes disposées en cariatides et de motifs ornementaux dans le style néo-grec. Seule la gare de la place du Havre était restée jusqu'à ce jour dans les bâtiments primitifs qui avaient suffi à desservir la ligne de Paris à Saint-Germain, la première construite dans la capitale, et celles de Paris à Rouen et au Havre. La Compagnie a récemment entrepris des travaux qui transformeront tout le quartier Saint-Lazare et dégageront les abords toujours encombrés de son embarcadère. Sur les plans de M. Lisch, elle fait élever une gare dont la façade s'étendra depuis la rue de Rome jusqu'à celle d'Amsterdam, et dont le niveau plus élevé sera racheté par des monte-charges et des rampes permettant aux voitures d'accéder aux quais d'embarquement. Le pavillon angulaire de la rue de Rome est achevé, ainsi que l'amorce de la salle des Pas-Perdus qui occupera la longueur entière de la façade. Ce sera la gare la plus monumentale de Paris lorsqu'elle sera achevée, mais on ne peut s'empêcher de regretter qu'elle ne soit pas précédée d'une grande place qui aurait pu être l'une des plus belles de Paris, et sur laquelle se

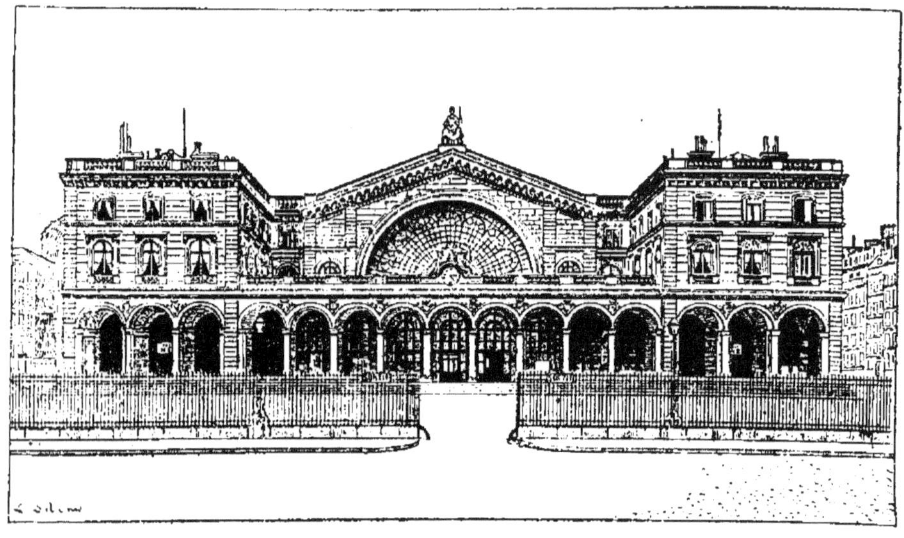

GARE DU CHEMIN DE FER DE L'EST (XIXe SIÈCLE)

seraient développée à l'aise les lignes de son architecture. Tous ceux qui se préoccupent de l'aspect artistique de la capitale l'avaient espéré en voyant abattre la rangée de maisons de la rue Saint-Lazare, parallèle aux nouvelles constructions, mais l'élévation de la dépense a décidé la Compagnie à aliéner la partie du terrain non utilisé pour ses travaux à une société qui se dispose à y construire un grand hôtel communiquant par une galerie avec les bâtiments de la gare, devant lesquels il formera une sorte de rideau isolateur.

Le service de l'Assistance publique est l'une des plus lourdes charges de la municipalité, et la somme que la ville de Paris consacre chaque année à l'entretien de ses hôpitaux dépasse le budget de plusieurs États de l'Europe. Elle s'élève au total approximatif de 40 millions. Les établissements charitables ont pris depuis quarante ans un développement qui a nécessité l'agrandissement de plusieurs maisons anciennes et en même temps la construction d'autres nouvelles. La plus importante de ces entreprises a été celle de l'Hôtel-Dieu, qui a été rasé pour être rebâti sur un autre emplacement de la Cité. La fondation de l'Hôtel-Dieu remonte aux premiers siècles du moyen âge ; elle est attribuée à saint Louis. En 1202, les chanoines de Notre-Dame furent mis en possession de la totalité d'un terrain longeant la Seine et voisin de la cathédrale, pour y soigner les malades et y recueillir les pauvres invalides. Philippe-Auguste, et plus tard saint Louis, firent de grandes libéralités à cet établissement. Ce dernier roi fit ériger la majeure partie des bâtiments de la place du Parvis, ainsi qu'une grande salle aboutissant au Petit-Pont, et dont la façade était formée par deux porches à voussures sculptées. En 1531, les administrateurs de l'Hôtel-Dieu acquirent une maison qui joignait le portail de Saint-Louis, et sur

cet emplacement, le cardinal Duprat fit construire une
seconde galerie éclairée par de larges fenêtres ogivales, entre lesquelles étaient disposés des dais abri-
tant des statues. Cette salle, qui porta longtemps le
nom de salle du Légat, était affectée aux malades at-
teints de ces affections contagieuses si fréquentes pendant le moyen âge et la Renaissance. Louis XIV joignit à ces bâtiments les terrains occupés auparavant
par le Petit-Châtelet qui venait d'être démoli. On
éleva sur l'emplacement une aile nouvelle, située sur la
rive gauche de la Seine et reliée avec les bâtiments de
l'Hôtel-Dieu par le pont Saint-Charles. Divers incendies, qui éclatèrent en 1712, en 1737, et surtout en
1772, amenèrent la disparition totale des bâtiments
primitifs, et leur reconstruction. Sous la direction de
l'architecte Saint-Phar, on avait élevé aussi, sur l'emplacement de l'ancien hôpital des Enfants-Rouges, un
grand corps de logis à pilastres et à frontons qui servit à l'administration de l'Assistance publique jusqu'au
moment de l'agrandissement de la place du Parvis. C'est
à cette époque que remontaient les façades uniformes
en pierre qui attristaient l'aspect de la Cité, et dont la
partie située sur la rive gauche a survécu à la translation de l'hôpital. Dans les premières années du siècle
présent, on dota l'Hôtel-Dieu d'une entrée monumentale en forme de portique à fronton, supporté par deux
colonnes cannelées et deux pilastres de style antique
dont la lourdeur faisait disparate avec les élégances

de la façade de Notre-Dame. Par suite de sa situation
le long du fleuve, dont l'eau était contaminée par les
déjections des malades, le séjour de l'Hôtel-Dieu avait
été depuis longtemps reconnu malsain et dénoncé
comme présentant de grands dangers dans les temps
d'épidémie. L'administration municipale proposa en
1868 d'abandonner cet emplacement et de reconstruire l'Hôtel-Dieu sur un périmètre bordé par le quai
aux fleurs, la rue d'Arcole, la rue de la Cité et la place
du Parvis. Malgré la vive opposition du corps médical,
ce projet qui remplaçait un mal par un autre fut
adopté, et les travaux commencèrent sous la direction
de M. Diet. Ce ne ne fut qu'en 1878, et après de nombreuses modifications au plan primitif, que le monument fut inauguré. La translation de l'Hôtel-Dieu sur
la rive septentrionale de la Cité est la partie la moins
heureuse du programme du renouvellement de Paris,
dont tous les détails ont été généralement étudiés
avec un sentiment très réel des besoins de la ville.

L'architecte s'est efforcé de surmonter toutes les
difficultés que présentait le plan qui lui avait été imposé, en adoptant un style mixte où les arceaux en
plein cintre supportent des corniches et des frontons
modernes. La superficie des bâtiments de l'ancien
Hôtel-Dieu et l'alignement adopté pour le nouvel hôpital laissaient disponible un large espace qui a considérablement agrandi la place du Parvis, au détriment
peut-être de l'aspect de Notre-Dame. Les édifices du

moyen âge étant situés généralement dans l'enceinte restreinte de villes populeuses, les maîtres des œuvres savaient augmenter l'effet de leurs constructions en les développant dans le sens de la hauteur. Depuis que la cathédrale a vu s'étendre un vaste espace devant elle, les points de comparaison entre sa masse et les maisons voisines ont disparu, et par suite, l'impression monumentale qu'elle produit s'est affaiblie dans une certaine mesure. Un square remplace actuellement les anciennes salles des malades, sous lesquelles s'étendaient les cagnards d'une physionomie si étrange, où étaient jadis placés les services de la maison et où les bateaux pouvaient apporter les approvisionnements.

Un des plus importants hôpitaux de Paris est celui de Lariboisière, situé près du chemin de fer du Nord, dans la rue Ambroise-Paré. Sa construction a duré de 1846 à 1863, et il a été l'un des premiers où l'on se soit efforcé de réaliser les améliorations introduites dans le régime intérieur des maisons hospitalières ; améliorations qui ont été dépassées depuis par plusieurs autres monuments similaires. Dans la chapelle, on voit le tombeau de la comtesse de la Riboisière, dont la générosité a doté la capitale de cet établissement de bienfaisance. Depuis plusieurs années, on a adopté un système d'hôpitaux moins étendus et offrant par suite une plus faible prise aux maladies épidémiques. On ne saurait demander à ces nouvelles constructions, qui sont encore à l'état d'essai, ni les proportions ni le caractère architectural des grandes agglomérations antérieures.

L'Institut des jeunes aveugles occupe depuis 1843 un grand bâtiment construit par Philippon sur le boulevard des Invalides. Le fronton de la façade, sculpté par Jouffroy, représente le fondateur de la maison, Haüy, entouré de jeunes aveugles.

Le gouvernement déployait la même activité monumentale que la ville pour l'installation des services publics, et principalement des ministères, dont plusieurs étaient logés d'une manière insuffisante. La première de ces entreprises fut la translation du ministère des Affaires étrangères, qui depuis la Révolution occupait les bâtiments de l'ancien couvent des Capucines, dont les dépendances s'étendaient jusqu'au boulevard du même nom. Le nouveau ministère fut construit sur une partie de l'emplacement de l'hôtel Bourbon, auprès de la Chambre des députés, par l'architecte Lacornée qui s'inspira des colonnades du Louvre et de la place de la Concorde, aux dépens de l'originalité de son œuvre. Malgré cette critique, la façade ornée de médaillons en marbre présente beaucoup d'élégance, et l'intérieur contient une suite de salons très richement décorés. Un bâtiment construit en pierre et en fer est affecté au dépôt des affaires étrangères, dont les cartons renferment une immense quantité de documents historiques.

Les services du ministère de la Guerre occupent les

bâtiments de l'ancien couvent des filles de Saint-Joseph, ou de la Providence, tandis que le ministre a ses appartements particuliers dans l'ancien hôtel de Brienne, habité durant le premier Empire par Mme Lætitia. Le nouveau boulevard Saint-Germain étant venu dégager la partie de ces constructions qui avoisinait la rue de l'Université, on résolut d'utiliser les terrains restant en bordure sur le boulevard, pour y élever une façade monumentale, où seraient installés divers bureaux trop à l'étroit. Le nouvel édifice, construit par M. Bouchotte, offre au centre et à ses extrémités trois pavillons décorés de trophées et de bossages. A l'angle de la rue de Solférino et du boulevard, est une tour d'horloge quadrangulaire formant une sorte de donjon à bossages, avec des fenêtres à meneaux, surmontées de frontons et de cartouches et une corniche à consoles disposées en mâchicoulis, qui sert à masquer le raccord entre les anciennes constructions et la nouvelle façade. On a commencé dans la rue de Varennes, il y a quelques années, la construction des services du ministère de l'Agriculture. L'un des pavillons de ce vaste bâtiment, dont les travaux sont interrompus, est achevé. Au-dessus d'un rez-de-chaussée à bossages, s'élèvent quatre colonnes supportant une corniche à modillons. Un balcon formant avant-corps est placé au-dessus de la porte d'entrée ; les fenêtres sont surmontées d'œils-de-bœuf à fronton appuyés sur des consoles. Au-dessus de la corniche, règne un attique que termine une lucarne à pilastres et à fronton. Ce monument qui porte les caractères

MINISTÈRE DE LA GUERRE (XIXe SIÈCLE)

de mouvement et de l'ornementation quelquefois sur-abondante de l'architecture contemporaine, fait grand honneur à M. Brune, qui en a donné les plans.

Presque en même temps, on entreprenait le nouvel

hôtel des Postes, dont les services étouffaient dans l'ancien hôtel d'Armenonville, et dont le transport

MINISTÈRE DE L'AGRICULTURE (XIXe SIÈCLE)

était réclamé depuis longtemps. Cette reconstruction a entraîné la suppression d'une partie des rues Coq-Héron et Jean-Jacques-Rousseau et la démolition d'un grand nombre de maisons du quartier des Halles, pour faciliter les moyens d'accès de cet établissement. Le nouvel hôtel des Postes sera desservi par les rues du Louvre et Étienne-Marcel, prolongées dans ce but. L'hôtel achevé depuis plusieurs années par M. Guadet n'est pas encore occupé par l'administration, en raison de la construction défectueuse des monte-charges, mais cet obstacle doit être prochainement levé.

Les expositions industrielles sont une création toute moderne, devenue rapidement une habitude indispensable. Ce n'est qu'à l'époque de la Révolution, lorsque la France se trouvait en lutte avec les pays voisins, que l'on songea à encourager les progrès de l'industrie française, afin de supprimer l'importation étrangère. Les préocupations du gouvernement n'étaient dirigées que vers le côté manufacturier, et il ne songeait nullement alors à rassembler les débris dispersés de l'ancienne production artistique, qui avait été si avantageuse au pays. C'était plus tard qu'on devait revenir à une appréciation plus rationnelle de l'intérêt national. Pendant longtemps les expositions n'eurent pas de local spécial. On les installa successivement dans des constructions provisoires élevées dans la cour du Louvre, sur l'esplanade des Invalides, sur la place de la Concorde et dans le carré Marigny aux Champs-Élysées. Le succès colossal de l'exposition universelle de Londres, en 1851, fit reconnaître les avantages des luttes comparatives avec l'étranger, et le

PALAIS DE L'INDUSTRIE (XIXe SIÈCLE)

gouvernement se résolut à imiter cet exemple, en donnant un très grand développement à l'exposition universelle de 1855. Il fit construire par l'architecte Viel, sur l'emplacement du carré Marigny, un vaste palais destiné à rappeler le Palais de cristal de Londres, mais avec un caractère permanent. Le palais de l'Industrie forme un immense parallélogramme composé de deux étages avec un pavillon central et des pavillons d'angle. L'entrée principale, formant avant-corps, est surmontée d'une grande baie cintrée accostée de deux contreforts à colonnes. Au-dessus règne un attique que décore une frise sculptée représentant les Arts et les Industries ; il est dominé par le groupe de la France distribuant des récompenses. L'intérieur est occupé par une grande nef à voûte de cristal, en arc de berceau, avec deux voussures terminales en verre peint. Cette nef est entourée de deux étages de balcons derrière lesquels s'étendent de longues galeries éclairées par le haut. Le palais des Champs-Élysées, à peine achevé, se trouva trop restreint pour l'exposition universelle de 1855, et il fallut y joindre la rotonde du Panorama et une longue galerie annexe destinée aux machines. On dut établir également un palais provisoire dans la rue Montaigne, destiné à l'exposition des beaux-arts. Depuis ce moment, le palais de l'Industrie, abandonné comme centre d'exposition universelle, est affecté aux expositions périodiques de l'Agriculture, de la société de l'Union centrale des

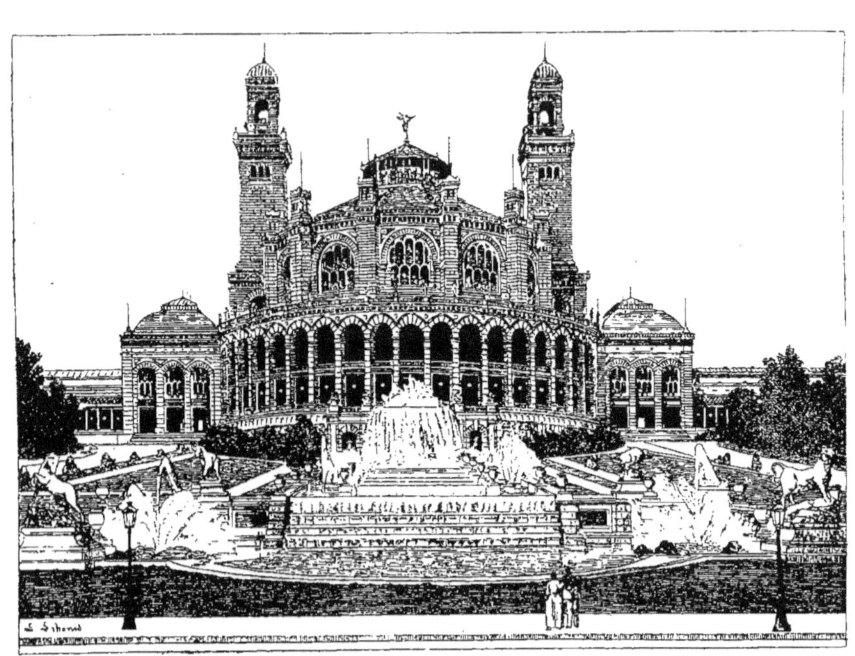

PALAIS DU TROCADÉRO (XIXe SIÈCLE)

Arts décoratifs et aux réunions du concours hippique. La Société des Artistes français y ouvre chaque printemps le Salon annuel, en attendant qu'elle possède un local mieux approprié à cette destination. Dans la partie méridionale est installé le musée des Colonies. Le musée des Arts décoratifs y occupe plusieurs galeries situées dans le pavillon Est, jusqu'à ce qu'il ait obtenu la concession d'un emplacement définitif pour ses collections.

Les Expositions de 1867 et de 1878 furent transportées sur la vaste étendue du Champ de Mars et installées dans des galeries provisoires démolies après leur fermeture. La dernière de ces entreprises a laissé cependant un souvenir monumental qui a transformé radicalement l'aspect de la colline de Chaillot. On réslut alors de construire, sur ce plateau merveilleusement disposé pour former un amphithéâtre, un édifice consacré à l'exposition rétrospective des beaux-arts. Il devait être relié par le pont d'Iéna aux galeries du Champ de Mars, dans lesquelles seraient rassemblés tous les produits contemporains de l'industrie et de l'art. Ce projet grandiose fut rapidement exécuté par MM. Davioud et Bourdaïs, malgré les difficultés de construction qu'ils rencontrèrent. Le palais du Trocadéro forme un large hémicycle dont les deux ailes sont disposées en galeries soutenues par des colonnes et interrompues par des pavillons. Au centre est une immense salle de concert surmontée d'un dôme hémisphérique et accompagné de deux hautes tours de style oriental. Les larges baies de la salle sont séparées par des contreforts appuyés sur une terrasse qui surmonte une série d'arcades en plein cintre formant colonnade et desservant les deux étages du hall. Les proportions colossales de cette salle permettent d'y recevoir 5,000 spectateurs. Les deux ailes parallèles sont divisées en trois galeries interrompues par deux salons et terminées par un pavillon auquel on accède par un escalier communiquant avec le parc. Elles ont été inaugurées par l'exposition rétrospective de l'histoire du travail, dont on se rappelle les richesses et le prodigieux succès chez tous ceux qui s'intéressent à l'art. Depuis cette époque, l'aile de droite a été affectée à la création d'un musée de sculpture comparée, établi sur la proposition et sur les plans de Viollet-le-Duc, et qui renferme les plus belles œuvres de la sculpture française, depuis le onzième jusqu'au dix-huitième siècle. Cette collection, pour laquelle l'espace manque déjà, constitue l'un des plus intéressants musées de Paris : c'est un splendide hommage rendu à la gloire de notre école nationale. L'autre aile doit être affectée à un musée de moulages antiques, depuis longtemps en projet, qui, s'il se réalise, semble devoir faire double emploi avec les collections similaires de l'École des beaux-arts. La galerie du premier étage, les vestibules et les paliers des escaliers ont donné asile à un musée ethnographique qui est déjà à l'étroit et qui n'est pas susceptible de prendre un développement suffisant dans ces locaux obscurs et restreints.

On presse activement les travaux d'installation de l'Exposition universelle de 1889 et l'on élève sur le Champ de Mars des galeries provisoires qui devront être démolies après la clôture de ce concours international. Une seule de ces constructions, la tour Eiffel, survivra pendant un temps indéterminé aux divers bâtiments de l'Exposition. Dès maintenant les piliers sur lesquels doit s'appuyer ce colosse métallurgique écrasent par leur masse tout ce qui les entoure. Lorsque le monument sera parvenu à sa hauteur totale de 300 mètres, il modifiera complètement l'aspect d'ensemble des édifices environnants. Le dôme des Invalides, la façade de l'École militaire et les galeries du Trocadéro perdront à ce voisinage la majeure partie de leur importance, et ne seront plus que les comparses effacés d'une colossale figure géométrique formant avec eux une disparate absolue. La tour Eiffel, destinée à montrer les progrès de la science de l'ingénieur, eût produit un effet plus saisissant en étant placée sur un point éloigné de l'horizon d'où elle eût dominé la ville, que dans la cuvette du Champ de Mars trop restreinte pour ses dimensions. Les procédés de la construction en fer sont employés chaque jour pour faciliter un grand nombre de travaux dans lesquels l'usage de la pierre eût été insuffisant. M. Eiffel a déjà produit des ouvrages grandioses pour la traversée des

THÉATRE DU GRAND-OPÉRA (XIXᵉ SIÈCLE)

fleuves, des vallées, ou pour recouvrir d'énormes coupoles ; ces entreprises avaient un but défini qui justifiait leurs formes souvent peu artistiques, mais parfois aussi d'une physionomie saisissante en raison de leurs combinaisons audacieuses. On ne saurait invoquer ce motif pour l'érection d'un monument sans destination, et qui ne servira qu'à exciter la curiosité populaire par suite de sa dimension sans précédent.

La suppression du boulevard du Temple et la démolition de ses nombreuses salles de spectacle nécessitèrent la construction de plusieurs théâtres nouveaux. Quelques-uns furent bâtis directement par la ville dont ils sont restés la propriété. Ce sont le théâtre du Châtelet et le Théâtre-Lyrique occupé actuellement par la troupe de l'Opéra-Comique, se trouvant sans asile par suite de l'incendie du théâtre. Ces deux théâtres ont été élevés sur la place du Châtelet par M. Davioud, qui a racheté par la légèreté des galeries à jour et par l'élégance des décorations intérieures, la silhouette peu heureuse des façades. Le théâtre de la Gaîté, construit par M. Cusin, développe sur le square des Arts-et-Métiers les arcades plein-cintre de sa loggia, supportées par des colonnes de marbre. M. Magne, chargé de dessiner la façade du nouveau Vaudeville dans un terrain situé à l'angle de la rue de la Chaussée-d'Antin et du boulevard des Capucines, a disposé sur cet espace insuffisant un pavillon semi-circulaire, entouré de balcons et percé de trois fenêtres placées entre des pilastres de style corinthien. Au-dessus est un attique à cariatides avec un fronton central supportant une statue d'Apollon. La rotonde contient le foyer auquel on accède par un double degré. Des sociétés particulières faisaient en même temps construire diverses salles; nous ne citerons que celles qui présentent une décoration monumentale: le théâtre de la Porte-Saint-Martin, qui a remplacé l'ancien théâtre érigé sous Louis XVI pour l'Opéra et brûlé en 1871; les Menus-Plaisirs placés auprès de ce dernier théâtre et dont la façade est surchargée de balcons, de cariatides, de pilastres, de corniches et de frontons, et enfin la salle de l'Éden, moitié théâtre, moitié café-concert, construite dans le style oriental, et dont les peintures ont été exécutées par M. Clairin. On peut également noter la salle du Cirque-d'Été, construite aux Champs-Élysées par Hittorff, dans un style néo-grec, et dont les principales dispositions ont été reproduites lors de l'établissement du cirque d'Hiver (boulevard des Filles-du-Calvaire) et du cirque Fernando. L'immense arène de l'Hippodrome (avenue Marceau) doit être mise au nombre des meilleures adaptations de la construction en fer qui aient été tentées.

Le nouvel Opéra est le monument qui caractérise le mieux le style de l'architecture française dans la seconde motié du dix-neuvième siècle. Nous n'entreprendrons pas de raconter toutes les migrations de ce théâtre, depuis la première salle du Jeu-de-Paume de la rue Mazarine, jusqu'à son établissement dans la salle du Palais-Royal, puis sur le boulevard Saint-Martin, sur l'emplacement actuel de la place Louvois, et enfin dans la rue Lepeletier. Son installation dans cette dernière ayant été reconnue dangereuse, le gouvernement résolut de faire construire un édifice définitif sur l'emplacement compris entre le boulevard des Capucines, la rue de la Chaussée-d'Antin, la rue Neuve-des-Mathurins et le passage Sandrié. Devant la façade devait être disposée une place continuant la rue de la Paix au point de rencontre du prolongement de la rue Réaumur (rue du Quatre-Septembre) et de l'avenue projetée de l'Opéra. De chaque côté du monument s'ouvraient deux voies nouvelles dont l'une aboutissait à la gare Saint-Lazare et l'autre rejoignait le boulevard Haussmann. Ce projet de reconstruction fut l'objet d'un concours à la suite duquel les plans présentés par M. Charles Garnier furent adoptés. Les travaux commencés en 1861 ne furent achevés qu'en 1873, et l'inauguration de la salle fut hâtée par l'incendie de la salle de la rue Lepeletier. L'architecte s'est attaché à revêtir son monument d'une décoration polychrome qui, après avoir été en usage chez les anciens, était tombée en désuétude. Il y est parvenu en employant des matières diverses dont il a étudié les colorations, afin de produire un ensemble harmonieux. La façade principale se compose, au rez-de-chaussée, d'un sou-

ESCALIER DU THÉATRE DU GRAND-OPÉRA (XIXe SIÈCLE)

bassement à arcades entre lesquelles sont disposés
des statues et des groupes. Parmi ces derniers, la
composition de Carpeaux symbolisant la Danse, dé-

ploie des qualités de mouvement et d'originalité qui font disparate avec le style plus classique des autres sculptures. Au premier étage se déploie une galerie d'ordre corinthien formant loggia et soutenue par des colonnes accouplées entre lesquelles sont disposées d'autres colonnes supportant les bustes des grands compositeurs. La colonnade est surmontée d'un attique à caissons incrustés de mosaïques et séparés par des groupes d'enfants. Les deux frontons d'angle supportent deux groupes en bronze doré représentant l'Harmonie et la Poésie. En arrière s'accuse nettement la coupole en forme de couronne terminée par des masques antiques, qui recouvre la salle. Plus loin, la perspective est terminée par le grand mur pignon en forme de fronton qui règne au-dessus de la scène et dont les angles sont indiqués par deux figures de Pégase, avec un groupe central représentant Apollon et deux Muses, qui domine toute la construction. C'est surtout au premier étage de la façade que M. Garnier a appliqué son système de coloration. Aux seize doubles colonnes en pierre blanche de la loggia, il a opposé le même nombre de colonnes en marbre de fleur de pêcher à chapiteaux de bronze doré qui soutiennent des médaillons en pierre du Jura percés d'œils-de-bœuf où sont placés des bustes de bronze doré. Ces colonnes de marbre reposent sur des balcons en pierres polies de l'Echaillon dont les balustres sont en marbre vert de Suède. L'attique lui-même est traité comme une tenture polychrome destinée à protéger ce promenoir à l'air libre.

La même préoccupation du décor colorié et la même richesse dans le choix des matériaux se retrouvent à l'intérieur. Le grand escalier qui est placé dans l'axe de la façade principale est la conception la plus heureuse de M. Garnier, qui a trouvé le moyen de surpasser celui du Grand Théâtre de Bordeaux, le principal titre de gloire de l'architecte Louis. L'escalier de l'Opéra forme un immense rectangle, dont la voûte à voussures peintes par Pils et à caissons est éclairée par un vitrage. Au premier étage sont disposées des arcades en plein cintre, séparées par des colonnes accouplées entre lesquelles s'ouvrent des balcons formant saillie. Au-dessus et en arrière s'ouvrent les balcons des couloirs des différents étages. L'escalier donne naissance, à la moitié de son développement total, à deux rampes perpendiculaires aboutissant aux loges du premier rang. La porte de l'amphithéâtre, surmontée d'un fronton supporté par deux cariatides, débouche sur le premier palier de l'escalier. La voûte de la galerie circulaire de l'escalier et celle de l'avant-foyer sont revêtues de mosaïques sur fond d'or, exécutées d'après les cartons de de Curzon. Toutes les parties de cet ensemble sont tirées des marbres et des porphyres les plus rares, et leur éclat produit un effet surprenant de magnificence. Dans le grand foyer on a moins à admirer la richesse que le mérite artistique de la décoration. Les peintures de la voûte cintrée ont été confiées à Paul Baudry qui y a déroulé dans une suite de compositions l'histoire symbolique des arts depuis leur origine jusqu'à nos jours. C'est l'œuvre la plus importante de la peinture contemporaine, et l'établissement de l'éclairage électrique permet d'espérer la conservation de ces toiles, un moment compromises par la fumée des lustres au gaz. Deux salons adjacents peints par Barrias et par Delaunay accompagnent le grand foyer.

La salle a été refaite sur le modèle de celle de la rue Lepeletier, construite par Lebret, et qui elle-même reproduisait les dispositions de la salle de la place Louvois, dues à Brongniart. Elle forme un hémicycle divisé en trois voussures cintrées, entre lesquelles sont placés quatre tympans supportés par des colonnes corinthiennes et décorés de grandes figures de Renommées. L'avant-scène est encadrée par deux larges pilastres entre lesquels s'ouvrent les balcons de deux loges à frontons, supportés par des cariatides. Le plafond est revêtu d'une grande composition de M. Lenepveu, dont le centre donne passage à un énorme lustre terminé par des lyres, motif ornemental qui se rencontre dans toutes les galeries du monument. Dans la partie interdite au public et en communication avec la scène, est le foyer de la danse tout entouré de glaces et dont les peintures ont été exécutées par M. Boulanger.

Sur le côté gauche du monument, on avait construit

un pavillon en forme de rotonde, destiné à l'usage du chef de l'État et qui comprenait un large foyer avec ses dépendances et son entrée particulière. Ce pavillon étant devenu inutile, on y a installé les archives qui contiennent des documents très curieux sur l'histoire de l'Académie nationale de musique et de danse. Cette description rapide ne saurait donner au reste qu'une idée très incomplète des dépendances de l'Opéra qui sont immenses et dont l'appropriation a exigé des soins très nombreux.

Depuis la construction de l'Opéra, M. Garnier a été chargé d'élever une salle de panorama sur l'emplacement de l'ancien bal Valentino ; elle est aujourd'hui convertie en cirque. Il a également construit une seconde salle de panorama, remplaçant l'ancien théâtre des Folies-Marigny, aux Champs-Élysées. On lui doit aussi le nouveau Cercle de la librairie, à l'angle de la rue Grégoire-de-Tours et du boulevard Saint-Germain. Dans ces divers édifices, ainsi qu'il l'avait fait pour l'Opéra, cet architecte a déployé des qualités d'originalité et de mouvement qui font contraste avec les imitations trop serviles de l'art romain produites par l'ancienne école.

Notre époque voit s'accomplir une grande transformation économique, résultant de l'association et de la création des valeurs mobilières. Nos ancêtres ne connaissaient pas les vastes hôtels où l'on peut loger toute une population, ni les établissements de crédit ouverts à tous, ni les grands magasins dans lesquels on trouve réunis toutes les marchandises et tous les produits indispensables à l'existence. Jusqu'à ce jour les monuments élevés par l'industrie privée se distinguent plus par leurs dimensions que par leurs mérites artistiques. Le grand hôtel du Louvre ne fait que continuer l'ordonnance uniforme de la rue de Rivoli et ne se distingue que par la richesse de ses deux galeries intérieures. La même remarque peut s'appliquer au grand hôtel de la Paix, situé sur le boulevard des Capucines. L'hôtel Continental bâti par M. Blondel, sur l'emplacement de l'ancien ministère des Finances incendié en 1871, contient des salons décorés avec goût et enrichis de peintures par M. Galland. Il en est de même du Grand-Café qui occupe le rez-de-chaussée du cercle du Jockey-Club, à l'angle du boulevard des Capucines et de la rue Scribe, et du grand café de la Paix situé au rez-de-chaussée de l'hôtel du même nom, qui présentent également de nombreux salons décorés par divers artistes.

Parmi les nouveaux établissements de crédit, les plus remarquables sont le Comptoir d'escompte, dont la façace construite par M. Corroyer est ornée d'un porche monumental, surmonté d'un beffroi, et le Crédit lyonnais dû à M. Bauvens, dont le développement occupe un long espace sur le boulevard des Italiens. Ce sont deux excellents exemples d'appropriation architecturale aux besoins d'un public affairé.

En reconstruisant les magasins du Printemps, qui
venaient d'être incendiés, M. Sédile a trouvé, par
l'emploi du fer, le moyen de multiplier dans un périmètre restreint les galeries indispensables à nos bazars
modernes, et d'étudier avec un goût exquis tous les
motifs de leur décoration. Sur la rive gauche, la maison
du Bon-Marché presse l'achèvement de ses immenses
dépendances, pendant que la première de ces constructions, les Magasins-Réunis élevés sur la place de
la République par l'architecte Davioud, n'a pu jusqu'à
ce jour, en raison de ses dispositions défectueuses, se
prêter à aucun usage définitif.

Les travaux de viabilité entrepris à Paris et qui ont
renouvelé la topographie des quartiers de l'Ouest ont
occasionné la construction de nombreux hôtels et de
maisons particulières. C'est principalement à Passy,
à Courcelles et sur les nouvelles avenues aboutissant
à l'arc de l'Étoile, que ces entreprises ont été les plus
importantes. Plus restreintes que les hôtels anciens,
ces demeures sont très bien comprises au point de vue
du confort, et leur décoration, empruntée au style
d'époques différentes, suivant le goût des propriétaires
ou le tempérament des architectes, fait le plus grand
honneur à l'art contemporain. Nous nous bornerons à
en citer quelques-unes qui présentent une importance
exceptionnelle : l'hôtel Pourtalès, rue Tronchet, construit par Duban, dans le style de la Renaissance et
dont les galeries ont longtemps abrité une remar-

quable collection d'objets d'art ; l'hôtel Soltykoff, avenue Montaigne, élevé par Lassus, dans le style ogival ; auprès se trouve l'hôtel bâti par Normand, pour le prince Napoléon, dans lequel est reconstituée la maison antique de Pompéi avec son péristyle, son atrium, son bassin central et ses appartements parculiers entourant la cour ; l'hôtel de l'avenue Kléber, habité primitivement par M. Basilewski, et occupé maintenant par la reine d'Espagne qui en a fait augmenter les dépendances ; l'hôtel Montpelas, situé en bordure de l'avenue du Bois-de-Boulogne ; l'hôtel de M. Édouard André, construit par M. Parent sur le boulevard Haussmann, qui contient' de riches séries d'objets d'art, et dont le hall principal, décoré dans le style italien, a été peint par M. Galland ; l'hôtel de Païva, dans l'avenue des Champs-Élysées, la meilleure création de Lefuel qui en avait dirigé tous les détails avec un soin jaloux et pour lequel Paul Baudry avait exécuté de remarquables peintures ; l'hôtel Thiers, reconstruit aux frais de l'État, sur l'emplacement de l'ancienne maison de la place Saint-Georges, démolie en 1871 par la Commune ; l'hôtel de l'avenue Marigny, construit pour le baron Gustave de Rothschild, dans le style Louis XIV ; le superbe hôtel de la place Malesherbes, construit pour M. Gaillard, dans le style de la Renaissance et dont la façade en briques et en pierre est une imitation de la partie du château de Blois, que l'on doit à Louis XII; l'hôtel Potocki, dont la façade monumentale s'élève sur l'avenue de Friedland; l'hôtel reconstruit pour M. le baron Edmond de Rothschild, sur l'emplacement de l'hôtel Pontalba, et qui s'étend depuis la rue du Faubourg-Saint-Honoré jusqu'à l'avenue Gabriel, et l'hôtel du baron de Hirsch, situé à l'angle de l'avenue Gabriel et de la rue de l'Élysée, dans lequel on remarque un escalier dont les dispositions monumentales ont été dessinées par M. Peyre.

Ces œuvres de l'architecture contemporaine ne sauraient en ce moment être appréciées d'une manière définitive. Nos esprits sont trop mêlés aux préoccupations de l'art actuel pour s'isoler des influences susceptibles de peser sur leur jugement. Le temps seul permettra de saisir le caractère général des productions nouvelles dont nous venons d'esquisser rapidement le tableau. Il semble cependant permis d'affirmer que nos architectes sont entrés dans une période de progrès, et qu'en dehors de leur adresse prodigieuse à s'assimiler les leçons du passé, ils ont acquis des qualités d'originalité qui les rendent les dignes successeurs des artistes dont la France se montre fière.

TABLE ALPHABÉTIQUE

DES MONUMENTS

TABLE DES GRAVURES

TABLE DES MATIÈRES

1596-95. — CORBEIL. Imprimerie ÉD. CRÉTÉ.